「やりたいことをやる!」と決めた女たちの
覚悟の瞬間

Rashisa

愛
青木恵
赤城千香恵
秋山美穂
石川陽子
片庭慶子
金谷愛理
嘉村美
北野三保子
香内真理子
里めぐみ
鈴木琴乃
鈴木理恵子
高松雨晴
寺尾明美
中井麻由
中村由香理
三浦真希
道下星
森谷典子
山本彩邑衣

「やりたいことをやる!」と決めた
女たちの覚悟の瞬間

全ては「覚悟」から始まる　―はじめに―

本書を手に取ってくださり、ありがとうございます。


「やりたいことはあるけど、なかなか一歩を踏み出す覚悟が決まらない」

「今のままでいいのかなと不安を感じている」

「生き方や働き方を変えたいけど、何から始めていいかわからない」


もしかしたら、あなたも今このようなことを感じているかもしれません。

とはいえ、今の生き方・働き方・環境などを突然変えることは簡単なことではありません。あなたもきっとそう感じているはずです。

実際に変えたいと思っていたとしても、多くの人はどのように変えたらいいのかわからないと思います。親身になって教えてくれる人もいないので、自分で考えないといけないのですが、良くも悪くも生き方や働き方には「正解」がありません。

もし、生き方や働き方に「正解」があるとするのなら、胸を張って「私は今とっても幸せです！」と笑顔で言えることかもしれません。

自分らしく自由に生きている幸せな人には、ある共通点があります。
それは「やりたいことをやっている」ことです。
最近、インターネットや書籍でも同じような言葉を目にすることが増えていると思いますが、多くの人は「やりたくないことをやっている」からストレスが溜まり不満を感じています。
「やりたいことをやる」人生にするためには、行動をしなければなりませんが、実はその前にしなければならない大切なことがあります。

それが「覚悟を決める」ということ。

「私は絶対にこんな生き方をする！」「こんな人生にする！」と覚悟を決めることから全ては始まります。覚悟を決めることで、不安や恐怖が吹き飛び、一歩踏み出せるようになりますし、不思議と巡り巡ってそのタイミングに必要な奇跡的な出会いがあったりするものです。

今回、本書に登場する21人の女性起業家も過去はあなたと同じように思い悩んでいた時期がありました。

ただ、その状況を変えるために覚悟を決めて一歩踏み出したことで、今は自分らしく自由に胸を張って笑顔で「幸せです！」と言える人生を送られています。

そんな彼女たちが本書ではこれまでの人生ストーリーを赤裸々に綴ってくださっています。

今、あなたがやりたいことがあるものの、何らかの理由でできていないなら、21人の女性起業家たちの覚悟の瞬間を垣間見ることで、あなた自身も覚悟を決めることができるはずです。

もし、今やりたいことが見つかっていない場合でも、彼女たちがどのようにしてやりたいことを見つけて実現させてきたのかを知ることで、やりたいことを見つけるヒントにもなります。


覚悟が決まらないのは決してあなただけではありません。でも、世の中を見渡すとその中でも覚悟を決めて理想の人生を手にしている人がいます。まずは、その人たちの覚悟の瞬間、どのようにして行動していったのか、どんな苦労があったのか、そういったことを知ることで、覚悟を決めるための勇気をもらえるはずです。

本書に登場する21人の女性起業家の物語を読み終えた瞬間、あなた自身も「やりたいことをやって、一度きりの人生自分らしく生きる！」と覚悟を決めることができるでしょう。

そんな希望に満ち溢れた自分と出会ってみてください。

では、前書きはこのくらいにして、21人の覚悟の瞬間を一緒に見にいきましょう。

Rashisa（ラシサ）出版編集部

心が満ちる優先順位を決めたことで仕事と子育てを両立できた美容室経営

美容室経営
Hair&Spa Lindo 代表
赤城千香恵

「なんとなく」生活していた中で見つけた社会保険労務士という資格！業務経験ゼロで独立し、人とのご縁で支えられた16年の軌跡

社会保険労務士／人事コンサルタント
イキイキ社会保険労務士事務所 所長
秋山美穂

「早起き」が仕事になり、理想のライフスタイルに！好き・得意を仕事にするまでのプロセス

朝活習慣化アドバイザー／電子書籍出版プロデューサー
SUN Edutainment 代表
北野三保子

「いつかこうなりたい」という思いを持ち続けたことで実現した理想の「生き方」ドバイへ移住し、自由な生活を手に入れるまでのライフストーリー

オンラインスクール運営／コンテンツプロデューサー／オンラインビジネスコンサルタント
アイラ株式会社 代表取締役
香内真理子

何者でもなかったシングルマザーが4人の子どものために数々の試練を乗り越えてきた波瀾万丈人生

飲食業

株式会社ベグスジャパン 代表取締役副社長COO

中村由香理

自分のことは自分が一番わからない。仲間がいたからこそ気付けた漫画クリエイターという道

漫画クリエイター
漫画プロモーター

アトリエmiu 代表

三浦真希

人に流されていた
ブレブレの人生から
自信を持って自分軸で
生きられるようになった
ターニングポイント

漢方美容家
エステサロン経営
美容商品開発・販売

a asia 代表
&HARIMA 代表
山本彩邑衣

「ふと」感じる違和感を大切に生きてきた中で見つけた自分らしい人生へ好転させる方法

個人ビジネスプロデューサー／スピリチュアルワーカー

愛

a∞n 代表

1985年生まれ。趣味は人間観察・実証実験マニア。独立して12年。みえる世界とみえない世界を繋いで、私たちを構成する大きな３つの側面（ボディ・マインド・エネルギー）からの調整をその時々、必要な角度から提案。本質を見極め、無意識の限界や思い込みを脱し、本来あるべき姿・状態へサポートすることを根底に、ビジネスプロデュースやセッション・セミナーなどを開催中。変化していく自分の旬の想いや、才能を最も活かせるコンテンツを生みだし続け、想像以上の未来への橋渡しをご縁ある方に提供している。

09:00	起床
	家事・昼食
13:00	仕事or自由時間
18:00	夕食・夫婦団らん
21:00	仕事or自由時間
25:00	就寝

自分らしさに出逢う方法

本当の自分を知るのも、生きるのも正直怖い……でも、本当の自分を知らないまま生きることも、本当の自分の気持ちに気づいているのにそれをなかったことにして、自分らしく生きない選択をするほうがもっと、もっと怖い。

だからワタシは、自分の中にある曖昧で矛盾だらけの相反する性質や、受け入れがたい感情、出来事すべてが自分を知る大切な要素として観る捉え方に変え、人生の視点と視野を広げて、自分らしく人生を幸せに生きる選択をし続けています。

はじめに本書のテーマでもある《自分らしく好きなことをして生きる》とは、どういうことか？　これは、使う場面や人の数だけ定義があるものだとは思いますが、ワタシの前提は《自分らしくないもの＝違和感に気づいて取り祓い、本音で生きること》としています。また、「自分らしさ」は日々変化していくものであり、人生をかけて探求し追求して、進化と深化を繰り返しながら磨きを増していくものだとも思っています。

ワタシは、いくつものアイデンティティを育み、それらを自在に行き来し、社会的にこうあるべきなどの概念ではなく、「自分がどうしたいか？」自らの意志を最優先し、その時々感じている自分の旬（得意や才能）を掛け合わせたビジネスを生みだし続けて、進化と変化を楽しんでいます。

一部を切り取ってみると、いろいろやっている人、また違うことを始めている……そんな一貫性のない人間にみられがちですが、なにか1つを極めるスペシャリストではなく、多くのキャリアとスキルを最も旬なカタチへと創造しながら並行的に提供するボーダーレスなワークスタイルで生きる「自分の道を極めるスペシャリスト」でいることこそが、ワタシが最も自分らしく生きられる在り方なのです。

この自分らしい在り方が一体どういう状態か？　堂々と言えるようになるまでの33年間は人生全般、こじらせてナンボの悲劇のヒロインの世界を生きていました。

突然ですが、ワタシからアナタへ質問です。

《アナタは自分に興味をもっていますか？どのくらい自分の本音を知っていますか？》

自分らしさを今、探究中であれば、自分の性質や特性、自分にとっての幸せ……充実感や満たされる感覚、その状態はどんな時か？　この自分らしく生きる土台となる認識を適切に認知していることで本当に求める変化や望む結果と引きあう人生が始まっていきます。

ここでワタシの性質を紹介させてください。

根暗なのに明るい。一人好きの孤独嫌い。共感性はないけど感受性は高い。無意識に大人な要素と子供の要素が瞬時に交差する。やるなといわれたらやりたくなる。くだらないことが好きだけど、神経質でこだわりや癖が強い。超センシティブな引きこもりのネガティブ野郎なのにポジティブ思考、怖いもの知らずのアクティブさとなんとかなる精神で、何かを成し遂げたい情熱がエベレストクラス。これは一部にすぎませんが、常に後ろ向きな気持ちと前向きな気持ちとが同時に自分の中に存在している人です。

どうです？　とてもアベコベな不真面目で真面目なヤツだと思いませんか？


昔は、この相反する矛盾したいくつもの感情の取り扱いがわからず、逃避や反抗、抵抗でしか気持ちを表現できない自分にうんざりしていました。また、他との違いを自己否定する材料や至らない欠点にし、すべてを問題として観て、０／１００、白黒の2択しか選択肢がないと思い込み、2択では表せない本音のやり場に混乱して、自分に振り回されていました。何があっても変わらず迎えてくれる場所も、どんな状態でもあなたらしいと言って受け入れてくれる人もいたのに、孤独な現実を勝手に創っていました。

欠点や違和感に気づけば、人生は好転する

出来事から感じるすべては、自分らしく在るために不可欠な要素であり、その感情や体験を経てこそ辿り着く境地がある。そう思えるようになったのはここ数年の話です。

2章では、ワタシの人生を実例に、至らないと思っていた欠点を自分の欠かせない点に上書きし《ふと…と違和感》をキャッチして、自分らしい人生へ好転した話をします。

【実例①：欠点やネガティブな性質の見方を変えたら、自分の才能と強みになった】

事象から感じとる感受力はズバ抜けているけれど、同調して寄り添うという部分での共感力が乏しく、思ったことや感じたことを率直に言うことしかできない自分は冷たくて、思いやりのないひどい奴だと悩んだ時期がありました。

現在、セッション、プロデュースをおこなう中で、この性質は一見、欠点にもなります。しかし、同調しないからこそ冷静に俯瞰し、起きていることに対しての真実をみつけ、不必要な思い込みを外し、事実を明らかにして適切な状態を示し、あるがままを受け入れられる道筋を立て、的確なアドバイスができる才能と見方を変え、強みの一つとしています。

欠点やネガティブとされる要素、苦悩やストレスなどのアンラッキーな事象は、自分にないと困るものを知るため、本当の自分を取り戻すためにおこる反応です。これらの反応を感じとり、その都度、適切な対処をしていくことに意識を持つことで、問題や悩みの沼にハマり続けることがなくなり、新しい自分に出逢うことができる自己発掘や本来の自分の生き方を深化させるラッキーチャンスな機会へと変えていくことが可能です。

側からみて、挫折や失敗と捉えられてしまうことでも《自分にとって不必要なものがなにか、自分らしくない、自分らしさがわかった》という超成功体験でしかありません。

【実例②：ふと…と違和感の正体は、自分にとっての真実を知るサイン】

20代前半の頃、周りが夢や目標に向かって真っ直ぐ突き進み、どんどん充実したライフスタイルを送っている姿を横目に、なにをやっても半年くらい経つと決まって続けることに違和感を抱き、その心境で真剣に取り組めなくなり、転職を繰り返しました。

何か一つを極め、成し遂げ続けることが素晴らしいと言われる文化の中で《一つのことを続けられないワタシ》は認められない、価値のない人だと自分で自分を否定し、社会的に素晴らしいといわれる何者かになろうとして、自分らしさを失ったことがあります。

この時、誰かに褒めてもらったり、認めてもらうことで不安を埋めようとしたり、世の中の常識的観点から評価されることで自分の存在や価値を見出そうとしていました。

ただ、自分で自分を認めてわかってあげる、それだけでよかったのに……。

そんな、長続きしないワタシが「一生モノの天職だ！」と腰を据え、紆余曲折しながらも、自分の特質を活かした唯一無二の自爪を美しく育てるネイルサロンを構築。不便な地方に全国からお客様が訪れ、平均5千円前後と言われるなか、2万3千円以上の高単価、リピート率98％、新規予約1年待ち。サロン規模は2年毎に拡張移転をし、スクールにも国内外から生徒を迎える講師として誰もが憧れるような成果を手にしました。

しかし、ふと湧いた《ネイリスト人生を続ける違和感》から3か月後、7年の幕を閉じ、実績と収入源を手放しました。周囲からはこんなに上手いのに、ここまでやってきて「もったいない」そんな言葉が飛び交いましたが、ネイル自体がやりたいことではなく、自爪育成を通して、ご縁ある方が自分を信じた先にある想像以上の自分に出逢う、その過程を共にすることがやりたいことだと「違和感」の正体に気づき、この本当に望む過程をより体験できる環境で生きない方がもったいないと決断。後に続く、みえない世界の仕組みを知り、違和感は本音に気づくため、何度も目につくことや「ふと」思うことは、自分に必要なことや真実を知らせるサインだということがわかりました。もし今、違和感を抱いていることがあれば、真実を見つけるチャンスがやってきていると知っておいてくださいね。

みえない世界は怪しいものではなく現実の話

3章では、ワタシの人生を大きく変えた《みえない世界》についてお話します。

元々、スピリチュアルなことに対して胡散臭い、怪しいと斜に構えた超アンチでした。……が、立て続けに予期せぬタイミングで、目にみえる事実としてみえない世界とのチャンネルがどんどん開かれていく不思議な体験に遭遇しました。

1つ目は、すれ違いざまに突然声をかけられ、時間にしてわずか10分程度で、幼少期から長年抱えていた自身の葛藤・苦しみ・哀しみ・不安・絶望・孤独……約30年間の悩みまでをも一瞬にしてごっそり、まるごと癒されてしまったこと。

2つ目は旅先で、予定にないお誘いを受け参加したところ、サイキック能力(霊能力)を扱う方と出逢い、みえないものを実際に自分でみてわかるようになったこと。

この2つがキッカケでみえない世界の真理を探究する人生が始まり、みえるもの5%・みえないもの95%の、この世界でみえない側を知らずして(否定して)生きていたから、いろいろと不都合がおこったり、理解に苦しんだりしていたことがよくわかりました。

幼少期から、他者と接する時、表向きにみえる言葉や態度ではなく、内側にある響きや情景、発するエネルギーを感じ、内側にある想い（本音）と発せられる言葉が一致しないことに多く遭遇し……本音のほうと対話すると、突拍子もないことや不快なことを平気でいうよねと言われ、相手を傷つけてしまうことがありました。過ごしている現実と感じとっている事実の違いに混乱し、何を信じたらいいのか？　どう伝えたらいいかもわからず自己嫌悪に陥り、人付き合いを毛嫌いして避け、極力交わらないようにしていました。

しかし、人はそれぞれ自分の認知している世界の中で情報を受け取り、物事を解釈していて、自分にとっての真実を認知するために「違い」と「一致」があること。また、他者との混じり合いの中でしか、本当の自分という存在を認識できないこと。そして、変化の瞬間には必ず人がいて、人との出逢いが人生の新たな理解への導きとなること、自己開示することは互いに自分らしさと出逢って磨いていく過程を共有することだと深く理解できるようになりました。それからは、自分の世界が大切なのと同じくらい他人の世界も大切にし、信頼できるようになったのです。

また、このエネルギーで感じ本音がわかる感覚が、サイキック能力のひとつであることもわかり、必要な時に過不足なく共有し、その時必要な分だけの本質的な癒しへ導くことや才能、魅力を発掘するための能力としてワタシの人生に採用しています。

みえる世界とみえない世界の成り立ちを知り、両側面から現実をみるようになったことで、さまざまな点で辻褄が合い、起こっていた事象すべては自分が最善に向かい、ワタシを生きるために必要な出来事だったと線になり、進みたい道ができていきました。

また、違和感や気づいたことを適切に対処し、真実をみつけ安堵する。その繰り返しが自己信頼へと繋がり、自分の器となって広がると同時に物事の見方や捉える世界もどんどん拡がっていきました。他者や情報、世の中の風潮、常識に惑ったり揺らいだり、翻弄されることなく、人生の舵取りを自分でできるようになって人生の質（クオリティー）が格段に向上していきました。

生きているということは、いろいろあるということ。人は何かに気づくたびに小さなパラダイムシフトを起こしています。頭で理解できない、理論で説明できない領域は確かに存在し、その領域にあるものに私たちは護られ導かれています。例えるなら、カーナビのように、オートでその瞬間の最善へと常に軌道修正をおこない、新しい道、新しい世界へのシフトを繰り返して、《本来の自分が望む幸せという目的地》に向けて生かされています。

ワタシにとってみえない世界を知ること、知っているということは、なにが起きても自分らしく在り続ける支えや指針となる御守りみたいなものでもあります。

最高な自分で在るために必要な5つのチカラ

4章は総まとめとして、何かできるようになることや何かすること、何かをわかろうとすることではなく、シンプルに《自分と繋がり、本来在るべき状態に整え存在すること》。ここを意識していくことで、自分が満足する「幸せな状態」とどんどん出逢い、望むすべてが思い通りに叶う人生へ変化させていくことが誰しも可能であるその理由と、ワタシが辿り着いた自分らしく生き続けるために必要な土台となるチカラをシェアしていきます。

まず、本来在るべき状態でない時、人は起こった出来事に右往左往して、不必要な不安を増幅させ、恐れという幻想の中で物事を判断し、本音に気づくことも、自分にとって適切な思考や判断をすることもできず、何をするにも弱気に傾き、自信を持てなくなります。

そして、本当に求めていることではなく、問題解決のために限りある時間を消耗し、本質的でない選択や行動の数々が人生をより一層難しくし、悩みや気苦労が絶えない不安と、違和感だらけの現実を自ら創りあげてしまいます。※本来でない状態も本来在るべき状態に向かうために必要な気づきのプロセスなので、結果的に最善ということになります。

次に、本来在るべき状態とは＝《自分のことを自分で適切にわかること》。

自分が気づいたこと感じたことが自分にとっての真実で、ココをベースに自分の人生になにを採用していくかを適切に取捨選択し、その時々で変化する自分の在り方や時代の流れに柔軟に対応（ケア）して、より心地よい方向や望む方向へ導いていくことが自在に可能となるだけでなく、必然的にベストなタイミングでどんどんやってきている自分にふさわしいものやコト、すべてを取りこぼすことなく受け取り、本来求める必要なすべてを向かわずして、自然に手に入る人生がイージーに進んでいくための起点となります。

※本来あるべき状態に整えるというと《よくなることやよくすること》や《不足を補い足すことこと》だと思われがちです。しかしそうではなく、ただ、あるがままの事実を適切に観て、そこから自分らしさを妨げている「思考・意識・感情・習慣・記憶・状態」などの違和感をキャッチして、とり祓えるコンディションであることを指します。

これまでのすべての事象を俯瞰し、みえない世界のサポートも受けながら、万人に共通した自分らしく人生を幸せに生き続けるための土台となることを言語化しました。その中から、要となる5つのチカラを今回ピックアップしたので参考になさってみてください。

①自己観察力《セルフモニタリング》
自分の世界（＝自分が認知していること）そのものを決定する重要なチカラ
②自己自導（統率）力《セルフリーダーシップ》
自分がどのような状態を望むのか？　を認識して、望む方向へ成長するために自分にとって適切な判断をおこない主体的に行動する大元のチカラ
③自己信頼力《セルフパートナーシップ》
自分で自分を満たし、自分の在るすべてを信頼できることで自分の人生の質（クオリティー）を高め、深い安心感を与え日常に平安をもたらすチカラ
④自己純化（浄化）力《セルフヒーリング》
不必要な不安や不調など自分らしくないものを日々とり祓い整え、本来在るべき状態（コンディション）へとケアするチカラ
⑤自己創造・実現力《セルフイメージ》
自分の本来望むこと、叶えたいことを現実（カタチ）へと起こし、自分の在るべき状態や環境へと導いて人間力を高めていくチカラ

この5つのチカラは「体感覚（五感）」を通してキャッチし育てていくことが可能です。

ココロの声は時に真実とは異なる反応をすることがあります。しかし、体感覚(五感)だけは唯一ごまかしのきかない本当の自分の声(本音であり本心)や真実を主張し続けるセンサーとして、すべての人に本能的に備わっています。これは、自己体験とエネルギーの側面からカラダやメンタルを今、あるべき状態へ整え、心身の健康と持って生まれた能力や才能を十分に発揮できる状態に戻し、向上させる音響セラピーでカラダからの声を聴くというセッションを同時におこなっていて確信したことです。

私たち一人ひとりが人生をかけてやることとは、《自分を知り続け、今を存分に味わい生きること》。今と不安は同時に存在することができないため、五感を通して自分を感じ、今を生きてこそ本当に自分が選ぶべきもの、手放すべきもの、やるべきことが明確になり、自分の人生の歩みを安心して進めていくことができるようになります。

本書を通して、21人の世界に触れ、アナタが反応したこと印象に残ったことは今のアナタに必要なことだから目についた、ということ。その中からふと感じたアナタにとっての真実を自分の世界に取り入れ、充足に満ちたアナタらしい人生の世界が益々広がっていきますように……。互いにすごい人ではなく、《最高の自分で在る》と約束しましょう。

あなたへのメッセージ

「ふと」感じる違和感は、

あなたにとって必要なことや

真実を知らせるサインだから、

その違和感は大切にしてください。

愛さんへのお問合わせはコチラ

愛する子供が全ての原動力！
サロン未経験から開業し、
海外展開まで実現させた起業ストーリー

トータルビューティーサロン経営

青木恵

株式会社 CENTENARY 代表取締役

1981年生まれ。二児を育てるシングルマザーでありながら、2009年、まつエクサロンを開業。現在はトータルビューティサロンとして、船堀店・麻布十番店・新小岩店・門前仲町店と、都内に４店舗を展開している。2022年には海外進出も決定。また、「子育てをしながらサロン開業を目指すママたちの力になりたい」という思いから、M’s Beauty Schoolを立ち上げ、開業支援にも力を入れている。さらに、会員制オンラインショップＭĒＧ BEAUTY STOREの運営、美容サロンなどの店舗内装工事事業と多方面で活躍中。

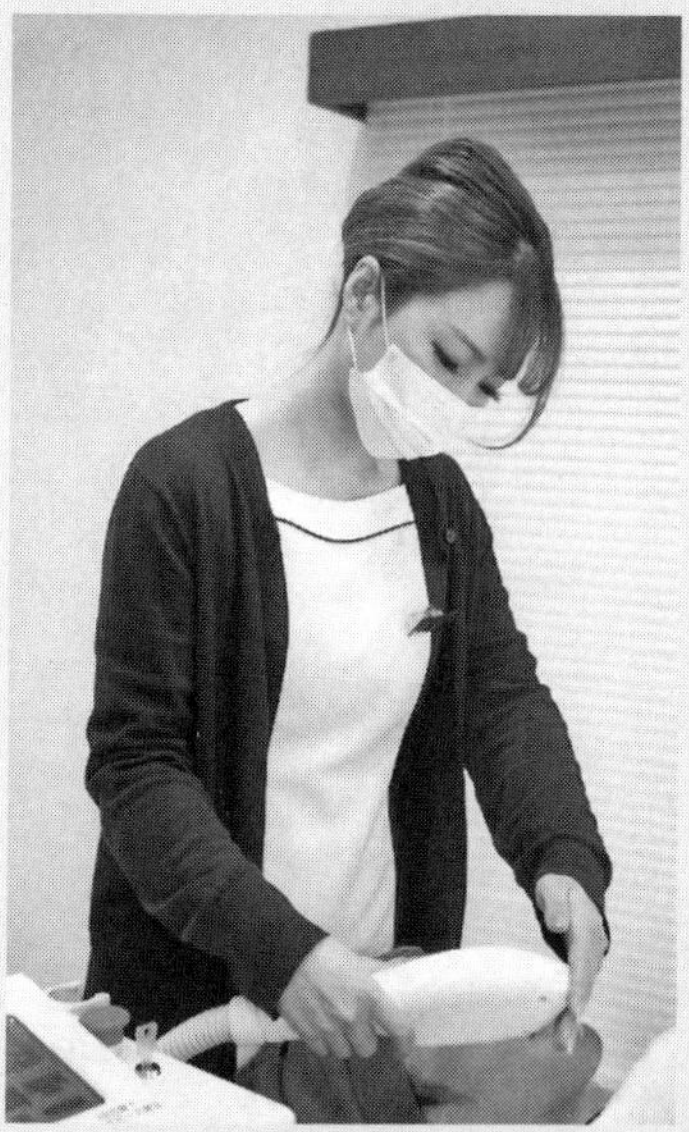

09:00-10:00	起床 LINE・メールチェック・オンライン英会話
10:00-14:00	インスタライブやYouTube撮影・SNS関係の打合せ等
14:00-21:00	サロン勤務・打合せや別の仕事等
22:00-24:00	夕飯&ミーティング
24:00-26:00	何かしら仕事をしている（好きなことなので全然辛くないです）

※日本での生活の場合

シンママだから選んだ「サロン起業」

はじめまして。青木恵です。

私は現在、東京都江戸川区船堀から始まったトータルビューティサロンを4店舗経営しています。年商は1億円を超え、2022年には海外進出も決定しました。

そして、さまざまな美容の技術が学べるM's Beauty Schoolの運営と講師、私が自ら厳選した製品と当社の自信作であるこだわりの自社製品を販売する会員制オンラインショップMËG BEAUTY STOREの運営、美容サロンなどの店舗内装工事事業と、多くの事業を運営させていただいています。

こういう風に自己紹介をすると、仕事一筋のキャリアウーマンのように思われるのですが、私は2人の子供がいる母親です。高校2年生の時に結婚をし、18歳で出産。その後、離婚してシングルマザーとなり、28歳で起業するという波乱万丈な人生を送ってきました。

最近よく、「子供がいるからやりたいことができない。起業なんて無理！」と耳にしますが、私は逆です。愛する子供たちがいたから、チャレンジできました。

子供を産んで夢を諦めてしまった方、生活が心配で離婚する決心ができない方、シングルマザーで生活に苦しんでいる方、少しでも多くの女性の励みになればと思い、私が起業した理由や経緯、経験などをお伝えしたいと思います。

若くして結婚し、待っていたのは貧乏生活の日々。子供を育てるためには夫だけの稼ぎでは足りず、生活のために水商売を始めました。まだ幼い子供たちを家に残し、晩から深夜にかけて働きに出ることに迷いはありましたが、私には学歴も社会人経験もなく、他にできる仕事が見つからなかったのです。

しかし、朝から仕事に行く夫と朝方に帰宅する私。生活が豊かになるのと引き換えに、すれ違いが増え、数年後に離婚。私はシングルマザーになりました。

子供を2人育てながらの水商売はやはり無理があり、何度も倒れ、病気が発覚して入院したこともありました。「ママ行かないでー!」と泣く子供を置いて仕事へ行くこともあり、夜の仕事は精神的に辛く、大事な子供を置き去りにしていることが本当に心苦しかったです。夜の仕事はもう限界でした。では、どうすれば生きていけるのか。子育てしながらできる仕事は何だろうと必死で考え、辿り着いたのが「サロン起業」という道だったのです。

起業のヒントは、私が通っていたまつげエクステのサロンにありました。何気ない会話の中で、「一人って自由でいいわよ。この施術が終わったら、お店を閉めて子供と映画を観に行くの」と、施術担当者がシングルマザーで、子育てをしながらサロン経営している事実を知ったのです。私の理想の働き方、子供との過ごし方がそこにありました。

「学歴もないしパソコンもできない。でも手先は器用なほうだし、まつエクならできるかもしれない」と起業することを決意。当時は美容師免許が要らなかったため、専門のスクールに3か月通い、技術を取得しました。

子供を学校や保育園に送り届け、その合間にスクールに通って猛練習。夕方には夜の仕事へ出掛け、朝方帰ってくる。寝る時間がなく、子供と一緒に過ごす時間もほとんど取れませんでしたが、なんとかこの生活から抜け出したい。その想いで踏ん張りました。

スクール卒業後、すぐにサロンをオープンする準備に取り掛かりました。

私には学歴もないし、企業に勤めた経験もありません。どこかのサロンで修行をして経営や接客を学んだこともないですが、それでも起業できました。特に美容サロンを開業する場合、マンションの一室から始めればリスクは最小限です。あとは必要な道具や材料を揃えて、集客のために広告を出せば、出店の準備は完了。起業というと難しく聞こえるかもしれませんが、行動さえ起こせば、誰にでもできることなのです。

リサーチ力でビジネスチャンスを掴む

こうして今から約13年前、当時、世間にあまり認知されていないまつエクサロンを開業して、どうなったのかというと、すぐにお客様のご予約で満席になりました。

なぜかというと、まつエクサロンがその地域になかったからです。「ようやくサロンに通えます」と多くのお客様に喜んでいただけました。

実は、私の自宅周辺にはまつエクサロンがなく、少し離れたところまで通っていて、「もっと近くにあったら便利なのに」とずっと思っていました。そして、私が欲しいと願っていることは、きっと他にも願っている人がいると考えたのです。出店前から「絶対に上手くいく！」と自信があり、その結果、多くのお客様にご来店いただくことができました。

もし、何のビジネスで起業すればいいか分からない人は、自分が欲しいサービスを紙に書き出してみてください。自分が欲しいサービスは、みんなも欲しいと待ち望んでいるサービスです。そこにビジネスチャンスは眠っています。

何か新しいことを始める時、お客様が来なかったらどうしよう、失敗したらどうしようと不安になると思います。しかし、やってみなければ結果はわかりません。上手くいくかどうかではなく、やりたいかやりたくないかを大切にして欲しいと思います。

私は、「失敗が怖いから、やめておこう」と思ったことは一度もなく、「やりたい、だからやる。やるしかない！」という考え方で、できる方法を常にアンテナを張って探しています。私は昔から、マイナスなことは考えない脳みそをしているようです(笑)。


それから約6年後の２０１５年、息子の高校進学を考える年になりました。やりたいことを我慢させずに思い切りやらせてあげたい。それにはやはり、お金が必要です。金銭面を気にして子供の選択肢が狭まるのは絶対に嫌でした。

そこで、店舗を増やして収入を上げようと考えました。子供のため、それが店舗展開のきっかけです。

その後、麻布十番に2店舗目の出店を決定。中国の友達からの情報とコネクションで、日本ではまだ流行っていなかった最新の脱毛機をいち早く取り入れました。日頃のリサーチ力が実を結び、他県からも多くのお客様がサロンに足を運んでくださるようになり、店舗展開は成功しました。

さらに3店舗目は２０１９年、新小岩に出店しました。当時、特に出店を考えていなかったのですが、スマホで物件を眺めていたら、好条件な物件を見つけてしまったのです。

美容サロンの売上は出店場所によって左右されます。東京都内で駅前のテナントが空く機会はそうそうありません。このチャンスを逃せないと思い、すぐに行動に移しました。チャンスは欲しいときに転がってくるものではありません。常に最新の情報をリサーチし、「ここぞ！」というタイミングを逃さないようにしています。

そのため、空いた自由時間は情報をリサーチする時間に充てています。テレビを観ることはないし、目的のないネットサーフィンをすることもありません。スマホをポチポチする時間があるなら、自分が興味のあることを調べます。「時間がない」が口癖になっている方は、何にどれだけ時間をかけているかを一度、振り返ってみてくださいね。

リサーチと言えば、海外進出の話もスマホから始まりました。2020年、コロナ禍でいつ海外へ行けるか分からない状況の中、スマホで検索していたら「マレーシアに日本の技術を」という広告が目に飛び込んできたのです。即応募しました！

マレーシアに建設中の商業施設に美容サロンを出店することが決定しました。

やりたいことにはいつも全力で。スピード感を大切にして、やりたいと思ったら、自分の意志でその日に決断しています。

一人サロンから経営者へ

今では信頼のおけるスタッフにお店を任せることができ、家族優先の生活を送っていて、とても幸せです。しかし、ここに至るまでにはさまざまな葛藤や壁がありました。特に難しさを感じたのは、スタッフの雇用と育成です。

起業して数年は、良い子そうであれば誰でも採用していたのですが、私には人を見る目がなかったようで、横領や裏切りなどに何度も遭いました。また、一生懸命に技術を教えても、一人前になるとお客様を連れて、突然お店を離れていくこともありました。

さまざまな事件が立て続けに起こり、いくらポジティブな私でも精神的に参ってしまった時期があります。もう誰を信じていいのか分からなくなり、一人サロンに戻ろうかと何度も考えました。けれど、辛いからといって、後戻りはできませんでした。今まで積み上げてきたことが全部なくなってしまうからです。

簡単に気持ちを切り替えられたわけではありませんが、家族や私を信じてついてきてくれたスタッフが私を支えてくれました。ここまで来たら前に進むしかない、そんな気持ちで乗り越えました。今の私があるのはみんなのお陰です。

スタッフの雇用について考え抜いた末に見えた答えが「心理学」でした。心理学を応用することで、面接の段階でどういう人なのかをある程度見抜けるようになったのです。

自分の見る目を養うには時間と経験が必要ですが、既存のツールを使えば効率的で即効性があります。その人の気質だけでなく、既存のスタッフとの相性も大事なので、そこも含めてチェックするようにしています。

また、心理学を取り入れてから、サロン内のトラブルも少なくなりました。私は一人ひとりの気質を見て、接し方や伝え方を変えています。同じ言葉を10人に伝えても、プラスに受け取る子もいれば、マイナスに受け取る子もいるからです。それがトラブルの原因の一つになっていました。気質に合わせ、その子が受け取りやすい言葉をかけるようにしています。

そして、スタッフ一人ひとりの気質はスタッフ全員と共有しています。そのため、何か問題が起きても「あの子はそういう気質だから」と、自分とは違う考え方をスタッフみんなが受け入れられるようになりました。ネガティブな一面も含めてその人の個性と捉えるようにしています。

現在の体制を作ったきっかけは「セブ島留学」です。「英語が話せるようになりたい」という昔からの夢を叶えるため、3年前に留学しました。これもまた即決です。思い付いた日に申し込んでしまいました！

留学を決めたものの、当時は私がいないとお店が回らない状況でした。このままでは海外留学は厳しい。どうすれば行けるだろう……。

しかし、冷静に考えてみると、私にしかできないことは、ほとんどありませんでした。むしろ、私よりもスタッフのほうが得意なことはたくさんあります。そこで、自分が得意なことは自分で、スタッフが得意なことは、信頼して任せてみることにしたのです。

その結果、好きなことや得意なことをやっているとモチベーションが高く、仕事が早い。任せることで信頼関係もでき、関係性はさらによくなりました。

だからといって、丸投げではいけないと思っています。スマホは肌身離さず持って、レスポンスは超特急。何か問題が起きてもすぐに対応できるようにいつもスタンバイしています。完全な休みはありませんが、すべて好きでやっていること。私が決めたことなので、しんどいとか辛いといった感情は一切ありません。

やりたいことがあるけれど、家族に反対されると思っているあなたへ。行動すれば、現実は変わります。やりたいことを諦めるのではなく、まずは口に出してみましょう。

あなたのやりたいことは何ですか？

私はまつエクがきっかけで「美容」に出会い、たくさんの素敵なスタッフと出会うことができて、今とても充実しています。本当にやりたいことを仕事にできる人は少ないと言われているので、そういった意味でも私はとても幸せな人生を送っていますし、これからも楽しみがいっぱいです。

シングルマザーだからと諦めていたら、きっと今の私はいなかったと思います。

私がラッキーだったのは人に恵まれたことや応援してくれる家族がいたこと、ポジティブな自分の考え方と行動力があったからです。そして何より、最初に出会った私のまつエクを施術してくれたアイリストさんの言葉が今も生きていて、その方にはとても感謝しています。

起業したばかりの頃は、売上のために一人もお客様を逃したくないという思いで、朝から晩まで必死に施術を行いました。欲しいものを買ってあげたい、私が自由になったら旅行に連れて行ってあげたい。私の原動力はいつも子供たちでした。

でも、働き詰めの毎日だったので、子供には寂しい思いをさせてしまいました。今でも「あの時はごめんね」という気持ちを持っています。

仕事と育児の両立は正直、大変でしたが、好きな仕事だったから続けられました。お金のために嫌々やっている仕事はストレスが溜まる一方ですが、自分がやりたい仕事、やりたいことをやっていたらストレスフリーです。

私にできたのだから、あなたも大丈夫。きっとできます。子育てしながらでも、シングルマザーでも、やりたいことはできます。しかし、一人ですべてをこなすことはできません。私のターニングポイントは「人に頼ってもいい」と気づいたことでした。

起業して数年後、まつエクの施術に美容師免許が必要になり、日中は専門学校、授業が終わればサロンで施術という生活を送っていた時期があります。また、忙しい時は重なるもので、子供の学校のPTA役員や、登下校の旗当番などの役割も回ってきました。とても家の掃除をする時間なんてなく、子供の食事の準備や洗濯、わずかな睡眠を取り、また仕事に出る、そんな生活でした。

サロン経営も子育ても手一杯で、パンクしそうな時、割り切って家事をプロに依頼したところ、心身共にとても楽になりました。家がキレイだとイライラしなくて済むし、子供たちも嬉しい。さらに、家が片付くと友達を家に呼べるので、子供たちの面倒をお願いできるようにもなりました。家事代行サービスはお金こそかかりますが、仕事に使える時間も増えるので、結果的にプラスになりました。

全部を一人で成立させるなんてスーパーマンでないと無理です。全部やろうとするとストレスが溜まって悪循環になります。ママがイライラすると家庭の空気が悪くなるし、子供や旦那さんに当たってしまうことも出てくると思います。

家事代行だけでなく、保育園にお迎えに行ってくれるサービスや延長保育などもあります。今の時代はサービスが充実しているので、利用するのも一つの手だと思います。

2023年現在、私はさらなる進化を遂げるためにYouTubeやInstagram、TwitterなどのSNSを利用してさまざまな美容情報をお届けしています。今はSNSがあれば遠方にいる方にも美容の情報をお伝えすることができます。サロンに来られない方でも美容に関する悩みを解決できる商品をご提供できるMÉG BEAUTY STORE、M's Beauty Schoolではオンラインレッスンを開始しています。

また、今年は海外での店舗展開がありますので、皆さんに海外の美容情報をお伝えすることもしていきたいと思います。

この13年で美容業界は大きく変化し、さらにそれを届ける方法も変わってきました。これからも新しく良い技術があれば積極的に取り入れ、トータルビューティサロンとして大きな進化を遂げることが大きな目標のひとつです。SNSで私を見かけることがありましたら、気軽にコメントしていただけると嬉しいです。

私があなたに伝えたいのは、「やりたいことを諦めていないですか？」ということです。何歳になってもやりたいことはできます。YouTubeを始めたのも、海外への出店を決意したのも40代になってからでした。今は子供たちも無事に成長し、23歳と18歳になり、自分の自由な時間ができ、ますますいろんなことに挑戦していきたいと思っています。

人生は一度きり。あっという間に終わってしまう気がします。

好きなことをやって、好きなように生きましょう。

もし、今の人生が嫌なら、環境を変えてみてください。誰も自分のことを知らない場所へ行くか、海外へ行くと視野が広がるのでおすすめです。

やりたいことに突き進んでいけば、必ず良い未来が待っています。

もちろん乗り越えるべきことは山ほどありますが、長い人生の中の数年と考えれば、大変な時期はごく僅かです。

楽しい人生が待っていると信じて、一歩を踏み出しましょう。

自分を動かす原動力があなたの人生をHappyにしてくれます。

あなたへのメッセージ

一人ですべてをこなすことはできません。

「人に頼ってもいい」と気づけた瞬間、

道は開きます。

青木恵さんへのお問合わせはコチラ

心が満ちる優先順位を決めたことで仕事と子育てを両立できた美容室経営

美容室経営

赤城千香恵

Hair&Spa Lindo 代表

1982年、福岡県生まれ。美容室で正社員、パート、フリーランスなど、さまざまな働き方を経験したのち、2020年9月、福岡県大牟田市にHair&Spa Lindoをオープン。髪を整えるだけでなく、美容室で過ごす時間は心と体を解放する時間であると考え、シャンプーやスパに軸を置いたサロンワークをしている。多くの髪や頭皮に触れるうち、頭皮にはその人の現状が現われると気づき、頭皮から整えるヘアケアを推奨。毛髪診断士の資格を持つ。二児の母。

07:00　家族揃って朝食
08:15　出勤。息子を幼稚園に送る
08:45　オープン準備
09:30　サロンワーク開始
17:00　サロンワーク終了
17:35　幼稚園お迎え
18:00　娘の学童お迎え
19:00　夕食
21:30　子供の寝かしつけと一緒に就寝
03:00　起床。ひとり時間。事務仕事や勉強など。
※５時頃まで寝ることもしばしば。

沼にハマって開けた世界

中学生の頃、友人が言った「私、美容師になろうかなー」の一言。
ファッションの世界に興味のあった私は「美容師」というワードに惹かれました。
「洋服屋さんは美容師の後からでもできそうな気がするし、先に美容師免許取りに専門学校行こう！」

入り口はファッションだったこの業界。20年の時を経て興味は移ろい、今は「頭皮を整えること」にたどり着いています。どっぷり浸かり、深くハマることでいろいろな扉が開きました。とことんやってみることで見えてくる世界があります。

私の中で外せない大事な技術の一つがシャンプーです。カットやカラー、パーマは仕上がりや持ちの良さで喜んでいただけますが、シャンプーはその過程そのものが喜んでいただける唯一の技術です。

美容師になり、先輩から合格をもらい初めて任せられる仕事もシャンプー。初めて習得した技術で人に喜んでもらえたあの感動が、私をシャンプーの沼へ引きずり込みました。

どうやったらもっと喜んでいただけるのかと興味は深くなり、ヘッドスパや全身リンパマッサージ、ツボに経絡、カッサ、アロマなどいろいろな勉強をしました。

そしてシャンプーで喜んでくださったお客様には、共通の変化が訪れることに気がつきます。表情が柔らかくなっていたり、顔の血色が良くなっていたり。何より、お客様のほうから心を開いてくださり、いろいろと話してくださることが増えました。「シャンプーを通して頭に触れることは、体や心までもほぐす力がある！」と確信を持ちました。

こうして長年、髪と頭に注目していると、髪のコンディションは頭皮を整えることからだと考えるようになりました。土と野菜の関係と一緒です。頭皮には体調も現れます。

しかし、多くの方は間違ったシャンプーをしています。

それはなぜか？　美容師がゴシゴシ洗うからです。私もその一人でした。

365日ご自宅で行うシャンプーが正しいやり方に変われば、多くの髪のお悩みは解決するかもしれません。そして、優しく丁寧に自分を洗うことが心をほぐすセルフメンテの時間になると信じています。

リラクゼーションだけではない「頭皮をほぐし、髪を育む正しいシャンプー」を体感していただき、お伝えすることが私の役目だと感じ実践しております。

遠回りしたからこそ、たどり着けた場所

最初の美容室では10年ほど働きました。「クリエイティブな良い仕事をすること。そうすれば結果はついてくる」と、他のサロンでは経験できない多くのことを学びました。

スタイリストとして自信が生まれ、何となく次のステップかなと考えていた頃、遠距離でお付き合いをしていた主人との結婚の話になり、1年後を目処に横浜に行くと約束をしました。ところが、いざ期限をつけて働きだすと目線が変わるもので、まだこのお店でやりたいことが残っていることに気がつきました。

「辞めるのは今じゃない！　行くのは延期！」

やり残したことはないと思えるまで仕事を続けることを選びました。お腹いっぱい仕事と向き合うと、もっとお客様一人ひとりとじっくり向き合いたいという思いが強くなり、その時退職を決意しました。

そんなこんなしているうちに、主人はこちらに希望転勤。さらには亡き義祖父の家に住みたいということで、結婚を機に今住んでいる大牟田市へ引っ越すことになったのです。

仕事は福岡市でしたかったので、通勤2時間は承知のうえで、面貸しという形でリスター

ト。シャンプーから仕上げまでマンツーマン。出勤日数も時間も自分次第の自由な働き方です。「予約が入らなかった日が休みだ！　それぐらいの気合でやらないと！」と自分自身に発破をかけました。

気づけば休みという休みはなく、自宅に帰りつくのは午前様。ファストフード店でうどんを食べ、寝に帰るだけの日々。「あれ？　私の望んでいた生活ってこんなだったっけ⁉」と心と体がパンクしてしまいました。「サービス業＝お客様優先」という概念にとらわれすぎて、自分自身を軽視していたのです。これを機に、「先約の予定を優先＝自分との約束を守ること」と考え、先に休みを取るなど自分を大事にするように変わりました。

1人目の産後は月に一度、1週間だけ予約を受け付け、実家に泊まり子供を預けて仕事をしていました。とても自由な働き方、大好きな職場ではありましたが、2人目の出産を機に、仕事のベースを住まいの近くに移すことを決めました。

いつかは自分のお店を……と思いながらも、その一歩はまだ踏み出せませんでした。幼稚園に2人を預けながらの仕事はどんなものか不安があったので、まずパートとして働いてみることにしました。基本は大牟田でのパート、月に数日は昔からの顧客のために福岡へ。ダブルワークのスタートです。

パート先では最年長の新入り。これまでの経験を活かす役目や機会をもらい、貢献できている実感がありました。その反面、自分の中にやりたい仕事の仕方や働き方がすでに確立していることにも気がついてしまったのです。川の中で転がりながら、角が取れていく石のように、私自身も知らず知らずのうちに角が取れ「自分の軸」が出来ていたのだと思います。

この仕事をライフワークとするのなら、やりたいことを詰め込んだ形で独立したほうがいいのではと、くすぶっていた独立の気持ちにまた火がつきました。

知人とランチをしている時、「あなたは絶対やっていけると思うのに！　何でお店してないの？」と言われたのも引き金でした。そこにはできない理由ばかり並べている自分がいました。逃げていたのです。

「あれ？　私のいつかっていつ来るの？　私が行動しない限り私のお店はできなくない？　もうすぐ40歳。白馬の王子様なんて来ないよ！　自分の足で歩かなきゃ！　今動かないと本当に動かないままだぞ！　どうすんのよ私⁉」

時間は有限だと気づいたこの時、夢ではなく現実の話として考えを落とし込むことができ、やっと「独立する」と言葉にできました。何歳であろうと、どこであろうと、心の内の声が言葉となって湧きあがった時、その時こそが動き出すベストなタイミングです！

心が満ちる優先順位

私が重い腰を上げ、独立を決心したのは38歳。娘5才、息子2才の時でした。夫もサービス業。シフト勤務で土日も仕事。朝8時前に家を出て、帰宅は22時頃。お互いの祖父母も近くにはいません。

さあ、どうやったら私は美容室をやっていけるのか？　なかなかの難題です。でも、やると決めたからには知恵をしぼるのみ。前を向くしかありません。

「もし、うまくいかなかったら？」とマイナスな考えが浮かぶ時もありました。不安な思考が浮かんだときは、それを乗り越えてまた上向きになるところまで想像するようにしました。そうすると「どう転んでも私の想定内！　どうとでもなるな！」と思えるようになり、「赤字にならなければ、いっか！」と開き直れるようになりました。

とはいえ、勢いだけで乗り切るのは危険です。数字ともしっかり向き合い、自分の能力も数値化して下準備はしっかりしました。

そして、子育てと仕事の両立。大事なのは自分自身が優先したいことは何か？を明確にして、それを軸にすることだと考えています。

私にとっては仕事・家族・1人時間です。

仕事の軸は「髪を切るだけでなく、心や体も解放できるような仕事をすること」。

家族の軸の中でも「家族そろった食事の団らんの時間」は大事にしたい。これは私の心を満たす大事な時間だとこれまでの経験から感じていました。サービス業は土日が稼ぎ時なのは常識ですが、私の軸に当てはめると無理が生じます。できないものはできません。
・幼稚園や学童が休みの日は休みます。
・子供のお迎えがあるので、17時過ぎにお店を出ないと間に合いません。
・我が家は家族4人が揃う休みの日は少ないです。なので夫が休みの日は家族揃って食卓を囲む時間を大事にしたいと思っています。
・子供には、家ではあなたたちが一番よ。でもお店ではお客様を優先するからね。
など、自分が譲れない部分を明言することで、私という人物が周りに伝わります。

ありがたいことに、ご理解いただき支えてくださるお客様に恵まれて今があります。感謝の気持ちは、ご来店いただいた時間に全力で向き合い、最善を尽くすことでお返しする！

それ一択です。


家事に関しては、我が家はできることをできる人がする仕組み。小さくても子供も家族の一員です。大人だから子供だからの線引きはありません。できそうな日は息子に皿洗いを頼むこともあります。日曜日の朝は、子供たちも何かひとつ掃除をすることからスタートします。

お店をオープンし始めた時は夫に負担をかけているようで申し訳なく、できる限り家事を残さないようにしていました。けれど、子供と一緒にただのんびり過ごす時間が、子供の心を満たす大きな一つであることに気付きました。

そこから、帰宅後の私の役割は「子供達のお腹と心を満たして眠りにつかせること」と割り切ることにしました。一緒に時間を過ごすのは私にしかできないことだからです。

子供の心の土台を作り、家族みんなの心身のバランスが取れていることを大事にしたいと考えています。

「この壺は満杯か?」という例え話があります。

私の思考のベースにある大好きな話です。今の時代、検索すればたくさんの情報が出てきますが、あなたの心を満たすものはあなたしか知りません。本人がそれを大事にしなかったら、誰がどうやってそこを満たしましょう?

あなたがそれを軸におき大切にすれば、自ずと満たされると信じています。

私を変えた言葉

カットの練習中の時のことです。どうしても左が長く、右が短くなってしまい、左右の長さが揃わないことを先輩に相談しました。返ってきた言葉は、

「右を長く切ればいいだけやん！」

え？そんな適当なアドバイスある⁉と私は不満に思いました。どうして左右が一緒にならないのか、指の角度なのか……コーミングの仕方なのか……その過程の中に問題点を見つけて修正したかったからです。私の求めているのはそんな簡単なことではなくて……と思いながら渋々やってみました。

するとなんと！　ちゃんと左右対照に切れたんです！（笑）

不満に感じたそのアドバイスが一番の解決策だったのです。原因を突き止めて、解決してからでないと進んではいけないと思っていた私の考えが覆された瞬間でした。

その時にハッとしました。「同じ長さに切りたい」と私の目的ははっきりしているのに、どこで道を間違えたのかと過去ばかりに目を向けていたのです。進みたいのに未来ではな

く、過去を見ていたのです。もちろん原因を探求して改善することは大事です。しかし、振り返って探す以外にも進みながら修正するという方法があることを体感して知りました。

自分の意識のベクトルの方向を変えることが一番大事だったのです。過去ではなく目的の方へ。視点を変えて進んでみると、解けなかったはずの問題がスルスルと解けました。

目の前のことばかりに集中しすぎると、自分がどこに向かっているのか見えなくなってしまいます。そんな時は一旦離れて俯瞰的に見てみる。離れて見ることができれば、もう大丈夫！　現在地の確認と目的地の確認。それができれば意識のベクトルを修正するだけです。私は今も、意識のベクトルを変える時の合言葉はこれです。

「右を長く切ればいいだけ！」

そしてもう一つ。

アシスタント時代、怪我により休職せざるを得ない時期がありました。入社3か月のときから半年、その1年後にまた数か月。どちらも事故で骨折をしたのですが、2回目の時、

「こんなに迷惑をかけてばかりで、申し訳ないから辞めて来なさい！　居れる訳がない！」

と親から言われ、辞めたくはないけどそういうものなのか……と松葉杖をつきながら会

社へ挨拶に行きました。

もちろんオーナーからは厳しい叱咤を頂戴しました。

「一度事故にあったのに、またバイクで仕事に来ているあなたの考えが私には理解ができない！」

それを聴き、これまですごく自己的な考えで行動していた自分が恥ずかしくなりました。

もうここでは働けないなと思っていた時……


「で？　あなたはどうしたいの？　建前ではなく、あなたは本当はどうしたいの？」

不意な質問に私は目が点になりました。こんな状況でも本心を言っていいの？と。それはしてはいけないことだと思っていたからです。

「辞めたくないです」涙ながらに答えました。

「じゃあ辞めなくていいじゃない！　今のあなたが考えることは身体を元気にすること。元気になったときに辞めたかったら、その時辞めにおいで。んじゃあ、この話は終わり！」

——数か月後、職場の近くで一人暮らしを始め、復職しました。

あの時の、オーナーの一言がなかったら、今はどんな歩みしていたのでしょう？

「あなたは本当はどうしたいの？」

この問いが私の転機だったと確信しています。あの時だけでなく、あれからいつでも行き詰った時、岐路に来た時、自分の心がどこに向かっているのか自分自身に問いかけます。「私は本当はどうしたいの？」と。

俯瞰的に自分を見ながら自分と対話することで、自分自身の心が何処にあるのか知ることができます。そうしながら自ら選んで決断して進んでいくと、自分の道を歩んでいることが自信につながります。


すべてがうまくいくことはありませんし、行き詰まり、思わぬ壁が出てくることももちろんあります。そんな時はなぜこの道を選択したのか、もう一度振り返ってみます。

決心した時の心に触れながら立ち止まり、靴紐を結び直すのもよいでしょう。決めた時の自分と進んでみた今の自分と新しい作戦を練り直すのもいいでしょう。しばらく休む、離れる……そんな選択が出てくるかもしれません。

「人は思ったようになる」

そこに心の軸がしっかりと立ち、根を張っていれば、多少のことでは倒れません。踏ん張りもききます。軸があるからこそ知恵という芽も出てくるものです。

何より心の奥底にある感情を言葉にするというのは簡単なようでとても難しいものです。それはその感情を自分自身が認め、受け入れなければ形にならないから。

だからでしょうか、心も体もパンクして「苦しい」と言葉にしたあの時も、「独立する」と公言したあの日も、すごく心が軽くなったのを覚えています。向き合っていなかった感情を受け入れ自身で認めることが、小さくして、そして最大の一歩だと感じています。

あなたの道はあなたの心が示しています。

さぁご自身に問いかけてみてください。

「私は本当はどうしたい？」

あなたへのメッセージ

何歳であろうと、どこであろうと、

心の内の声が言葉となって湧きあがった時、

その時こそが動き出すベストなタイミング

赤城千香恵さんへのお問合わせはコチラ

「なんとなく」生活していた中で見つけた社会保険労務士という資格！業務経験ゼロで独立し、人とのご縁で支えられた16年の軌跡

社会保険労務士／人事コンサルタント

秋山美穂

イキイキ社会保険労務士事務所 所長

1974年、岡山県生まれ。大学卒業後、民間企業で人事・総務・営業等に従事。2004年、社会保険労務士試験合格。翌年、独立開業。中小企業経営者の身近なパートナーとして、人事や労務問題への対応、経営理念に沿った会社のルール作り、人事制度・目標管理制度の導入などを通じて、イキイキと働ける職場づくりの支援を行う。得意なテーマは、自社が求める社員の確保やモチベーションアップにつながるSDGSも取り入れた行動指針やコンピテンシーの導入。人生理念は「出愛と楽笑」とにかく面白い事が好き。趣味はツーリング・餃子＆ビール。

04:30	起床　読書、メール返信、家事、身支度など
06:45	出発
07:30	子供を送ってから事務所到着 読書、スケジュール確認、メール返信、掃除
08:30	朝礼、ミーティングなど
09:00	資料や書類作成、申請書類のチェック、規定の作成など
12:00	昼食
13:00	顧客訪問 相談対応、打ち合わせ、役所の調査立ち合いなど
18:00	帰社　メール返信、日報チェックなど
19:00	子供を迎えに行って帰宅後家事、または交流会などの会合
22:30	就寝

なんとなく始まった起業への一歩

私は普通のサラリーマン家庭に生まれ、特に目立つこともない、ごく普通の子供でした。ピアニストになりたいという子供ながらの夢を持ってピアノの練習に励んではいましたが、中学生まではたいして勉強もせず、地元の高校へ入学。部活に一生懸命なだけで、勉強癖がなかったため進学校の勉強量について行けず、今では大学名も変わってしまった三流の私立大学に何とか進学しました。

親に呆れられながら仕方なく行かせてもらったその大学での4年間は、勉強もまともにせず、飲食店や交通量調査、よくわからないイベント、営業など、下宿生活のためにアルバイトに明け暮れた毎日でした。

たいした学歴もなく、見た目も冴えない。これといった特技も取り柄もないうえ、就職氷河期だった当時の就職活動は連戦連敗でしたが、根性だけを認めて拾ってくれた建設関係の会社に営業マンとして入社しました。

ここでも、パッとしない私が続きます。新人のくせにさぼってみたり、手抜きしたり、たいして仕事の勉強もしていませんでした。挙句の果てには、ライバル社に自社がメーカーから仕入れている商品の仕入れ値を言ってしまいトラブルとなり、その商品が取り扱えなくなったというダメ社員でした。

そんな私をずっと見守ってくれたその会社の社長には大変かわいがってもらい、今でも尊敬し続けています。社長のことが大好きで、仕事の「し」すらわかっていない未熟者だったにも関わらず、生意気にも言われたとおりにするのがなんとなく嫌で、サラリーマン生活がなんだかつまらなく思えてきました。

このころから、自分で決めたようにやりたいという気持ちがあったのでしょう。

ちょうどそのころ、大学時代の親友が税理士を目指して、大学院に進学しながら受験予備校で勉強をしていました。それに影響を受けたのか、安易に資格でも取ってみようかなと、なんとなく手にした受験予備校のチラシ。「彼女は税理士だから何か違う資格にしよう」と、良くわからないまま選んだのが「社会保険労務士」の講座でした。

単に向いていないと感じた(今思えば向いているかどうかもわからない期間しか働いていないレベルですが)仕事から逃げたい気持ちと、当時付き合っていた人にフラれて、もう仕事もやめて地元に帰りたい気持ちが重なり、社会保険労務士の勉強をするためにという理由で退職したのが、今思えば起業のスタートでした。

起業したきっかけというと、素晴らしい信念や熱い想いを聞くのですが、私の場合、最初の最初はこんなにぼんやりしていて、単に「嫌なことから逃げていただけじゃないの」という感じのダメ人間の考えそうなことでした。

退職後は、契約社員やアルバイトで仕事をしながら勉強を始めましたが、相変わらず中途半端なところがあり不合格。目先の楽しい趣味や遊びが優先で、私には難しいから無理かなという言い訳や、途中で結婚したことで勉強もなんとなく辞めていました。

しかし結婚して1年ほど経ち、新しい仕事について生活が落ち着いてきたころ、やはり社会保険労務士の資格取得をこのまま諦めたくないと思うようになっていました。

それからは、少しでも社会保険労務士に近い仕事をしながら勉強したいと思い、人事関係の仕事に転職。残業があって予備校に間に合わなかったり、家に帰れば家事もありましたが、通勤の電車やお昼休みの隙間時間も無駄にせず勉強をし、なんとか30歳で国家試験に合格しました。

合格後もしばらく民間企業で勤務を続けていましたが、せっかく取った資格を活かすために退職。社会保険労務士事務所に就職し、修行したいとも考えましたが、なかなか勤め先が見つからないので、いきなり独立しました。32歳のことでした。

人との出会いに助けられた16年

社会保険労務士の協会に開業する登録をして、自分の事務所をもつことになりました。といってもポストに屋号のシールを張り、自宅の一室に小さな机とパソコンプリンターがあるだけのスタートです。カフェや洋服屋さんではないので、お店を開けていれば誰か入ってきてくれるような仕事ではありません。そこにあることすら知られていない存在です。営業活動を考えると同時に、生活のために何か収入を得ないといけないので、同業の先輩から教えてもらった「国民年金推進員」という行政の非常勤職員を始めました。

この仕事は「年金制度を普及させる人」ということで、社会保険労務士にピッタリだ！と思った気持ちは一瞬でかき消されました。表向きはまるで布教活動のように「良いことをみんなに教えてあげよう」という体ですが、実態は「取立て屋」。役所から催促の手紙を送っても保険料を納めない方の家を一軒一軒訪ねて、支払ってもらう仕事でした。

ここでは営業会社さながらのノルマ制！　入ってみれば社会保険労務士の資格を持っていない元サラ金の取り立てをやっていたようなおじちゃん、押しの強いおばちゃんばかり。年金の知識は誰よりもありましたが、若く控えめ⁉　な私の成績はいつも最下位。

対象者の家を訪ねて行くのは夕方から夜が勝負。真っ暗な田舎の田んぼ道を歩いて、不審者に見られたり、犬にほえられたりするのは日常茶飯事。訪ねた家の玄関を開けた瞬間に「なんだこらー！」という怒号を浴びたことも何度も。自転車で回っていて段差にタイヤが挟まり肋骨にひびが入ったこともありました（笑）。

こんな取立て屋をしながらなんとか食べていたころ、ラッキーな出会いがありました。社会保険労務士協会の新人研修で「空いている日に時々アルバイトに来ない？」と声をかけてくださった、この仕事の最初の師匠だと思っている大先輩のH先生との出会いです。資格を持っているとはいえ、何の実務経験もない新人がアルバイトに行っても役に立つどころか教えてもらってばかりなのに、この後7～8年にかけて、たくさんのことを学ばせていただきました。感謝してもしきれません。

営業活動については、飛び込み営業は根性がないし、人脈もない。前職の顧客がいるわけでもない。色仕掛けをできる美貌もない。びっくりするアイデアが出る頭もない。ないない尽くしで、小さいことを少しずつしかできませんでした。例えば、地域のフリーペーパーに掲載されていたレンタルスペースを借りてミニセミナーをしたり、ＤＭを送ってみたり（これらは仕事につながる効果はなかった）。

ダメダメ営業戦略で急成長がないまま5年ほど経ちましたが、少しずつ仕事をもらえるようになってきたのは、すべて人との出会いのおかげです。

人脈もお金もなかったのですが、あまり費用のかからないところには飛び込んでいくようにしていました。最初は地域の商工会、創業塾、小さな異業種交流会へ参加したことにより、そこで出会えた方に「こっちへもおいでよ」と次の交流会へ連れて行っていただき、そこで出会えた方にまた次の出会いをいただける……というありがたい流れで、たくさんの方と出会っていけるようになりました。

人との出会いの中で、「仕事をもらおう」という気持ちで出会っていなかったことが幸いしたのか、少しずつ仕事を紹介していただける機会が増えてきました。

この間、2度の出産をしたこともあり、自宅の事務所を卒業できるまでに7年の月日が経っていました。ようやく自分の事務所を借りたとき、固定費のアップに不安は大きかったですが、とても嬉しかったのを覚えています。パートさんに1人入ってもらい、始めて人を雇う経験をしました。この方とも素晴らしい出会いで、現在は弊所を卒業し、自分の好きなことを仕事にして頑張っている彼女の活躍を見るのが楽しみです。今でも関わってくれて、独立初期を支えてくれた恩人の一人です。

こうしてたくさんの方との出会いに支えられてきました。

社会保険労務士のやりがい

たまたま資格予備校のチラシで見て、何となく選んだ社会保険労務士の仕事。時間もお金もかけて資格取得をしたから、「使うしかない」という気持ちで独立したところもありますが、やっていくうちに「天職だ」と思えるときも増えてきました。やめようと思ったことは一度もありません。

社会保険労務士と検索すると、『企業における採用から退職までの「労働・社会保険に関する諸問題」や「年金の相談」に応じ、業務の内容は広範囲にわたります』と書かれています。主に企業を相手に仕事をするので、一般の方にはまだまだ知られていないことが多いマイナーな士業です。「企業に変わって書類をつくって、さまざまな申請ごとをする」のが基本の仕事だと思われますが、私の仕事はほとんどが企業における人の問題のご相談がメインです。ご相談内容は時代と共に変わります。起業したころにはなかったようなご相談がどんどん出てきます。

起業したときは30歳前半でしたから、お客様の経営者は親の世代。かなり年上の男性ばかり。「こんな若い女の子で大丈夫?」と当時は思われたでしょう。最初は舐められることもたくさんありましたし、お客様の思い通りでないことが起きると怒鳴られ、「すぐに来い！」と呼びつけられたこともありました。普通に考えたら、怖いおじさんに呼びつけられて怒鳴られて泣き出したい場面。けれども、ふてぶてしくも立ち向かったせいか、こういうお客様とは今でも継続しています。

表向きな意見や情報だけでなく、「本当はこれでもギリギリセーフよ」というような情報やぶっちゃけ話、思ったことを方言で話すなど、お客様とはざっくばらんに付き合っていきました。こんな私でも良いと言ってくださる方と良いご縁が続き、今に至っています。

企業の大小にかかわらず経営者は孤独です。右腕左腕のすばらしい社員さんがいても、弱音は吐けない、愚痴も言えない状況がほとんどです。付き合いが深まるにつれて、困りごとや不安なこと、プライベートなことも共有していただける関係になっていけるのが嬉しくもあり、やりがいに感じています。

最近は、女性の社会進出により、社内でも女性社員への対応、ハラスメント関係など女性社会保険労務士の視線でアドバイスいただきたいというようなご依頼も増えてきました。時代の流れによりこの仕事が必要とされてきているとも感じます。

そして、一緒に仕事をしてくれる仲間の成長を感じた時もうれしいですね。厳しくて変わり者の私のもとで働いてくれる方たちは何より大切な宝物です。弊所のような仕事は、まじめでおとなしい方が希望されることがほとんどです。きっと上品で優しい女性の上司、静かに書類を作成する仕事を想像されるのでしょう。しかし入ってみれば、朝礼では筋トレをするし、イベントでは仮装をさせられるし……。

今は、こんな私を支えてくれるすばらしい仲間に恵まれています。それでもついてきてくれる彼女たちがいないと事務所は成り立たないといつも感謝しています。

社会保険労務士の仕事は、扱える仕事の範囲が広いので、いろいろな活躍の仕方があります、独立して事務所を持ってもよいし、企業の人事部で活躍している方もいらっしゃいます。人とかかわるのが好きな人もぴったりだし、コツコツと申請業務や給与計算をしたいという人にも仕事があります。また何歳からでもチャレンジできます。私のように学校の勉強が嫌いだった人も、自分が決めたことのためなら受験勉強を頑張れますよ。

それから、出会えた人との縁や関わりを昔からとても大事にしてきました。細くても長く続いている方との縁は、自分から連絡をしていることがほとんどです。「また会おうね」「いつかいこうね」という話で終わることが多いと思いますが、自分から「〇日はどう？」と誘い、食事会や旅行の段取りなどは私が率先して行っています。

良い方と出会えると縁が広がって、さらに良い方に出会えるなと感じています。

棚の下に入ることと感謝のきもちを忘れない

何の取り柄もない、ごく普通の私が、仕事も私生活も充実した毎日を送れるのは、周りの人のおかげでしかありません。起業後に2人の出産をして、産休がない時期を支えてくれたのは、両親と妹夫婦です。退院後、次の日から仕事をしないといけない状況で、生まれたばかりの子を預かってくれ、夜が遅く出張でいない日も、子供の面倒を我が子のように見てくれました。家族以外では、仕事を超えて付きあえる仲間、喜びを倍に悲しみを半分にしてくれるような親友や大切な人との縁をいただけました。

そして保育園の先生。生後6週間から保育園に入れましたが、小学校に上がるまで必要な生活習慣や基礎体力・学力はすべて保育園の先生が教えてくれました。何の心配もなく仕事に集中できたのはすばらしい保育園の先生方のおかげだと感謝しています。

このようにたくさんの人に支えられて、たまたまラッキーが重なって今がありますが、自分で何か努力していたことがあるかを振り返ると、小さな一歩を躊躇せずいつも踏み出してきたことだと思います。

ある先輩が、「棚ぼたという言葉があるが、ただボーっと突っ立っていて、ぼた餅が落ちてくることはない、自分から棚の下まで動いて待っているから、落ちてきたぼた餅が取れるのだ」というようなことを教えてくださったことがあります。

どんなラッキーも最初の小さな一歩は自分が踏み出さないと始まらないと思っています。私の場合は、第2章に述べましたが、「ミニセミナーを開催した」「交流会に参加してみた」というような小さなことでした。そこからの積み重ねやご縁で、いろいろな人に助けられて今があります。

何の取り柄がなくても、ほんのちょっと棚の下まで動いてみるのは、誰でもがんばればできます。もしそれが失敗しても大したことではありません。思っているほど誰も自分のことなんて注目していないのだから、失敗しても恥ずかしくもありません。

やりたいことがあるけど、どうしていいかわからない、勇気がない方も、ぜひ小さな一歩を積み重ねてほしいと思います。やる前は戸惑っていたことも、やってみたらそんなに高いハードルではなかったとか、なんでやらなかったのだろう？みたいなことは多いのではないでしょうか。

そして、起業できた時は嬉しいですが、その後のほうが大変なわけで、さまざまなピンチや困ったことが起こりますよね。死ぬこと以外はかすり傷なんていいますし、ピンチに感じることもすぐ忘れるようにはしていますが、私でもいろいろな不安で眠れないこともあります。そんな時はいつもこの決まったルーチンで考えて、切り替えています。

①経営がうまくいかなくなったらどうしよう

②その時はまた就職活動をしてどこかに勤めるしかない。しかしこの年齢でこの仕事以外に特技もないのに雇ってもらえるのだろうか

③女性であることを活かしたセクシーな仕事もこの年齢じゃもう雇ってもらえないな

④体力と筋力には自信があるから、まぐろ船に乗るか。でも船に弱いし、とにかく寒いのは苦手だしな……

⑤腎臓を売るしかないか。でも実際日本でそんなことできないよね？

⑤しょうがない、もうこの仕事で頑張るしかない！

ここまできたら諦めて、また気合を入れてやろう！　と思い直して今までやってきました。

もう一つ、「杞憂」という言葉もありますが、心配したことのほとんどは起こりません。考えても仕方のないことに時間を費やすより、まず行動して前向きなことを考えましょう。周りの人と自分を比べて「私はダメだなあ」なんてこともありますが、比べるのは他人とではなく、昨日の自分と比べて成長していたら良しとしましょう。

そして「利他の精神」と言いますが、人のために何かをする、それを続けていたらいつか必ず自分に返ってくる。これはその通りだと思います。

しかし、自分自身が満たされていない状態で周りの人を幸せにするのは正直難しいです。空腹で倒れそうなのに、自分のパンを人にあげることは実際難しいと思いませんか。いろいろな意味で、それなりに自分を満たせるようにまずは頑張りながら、誰かのために思いっきり仕事をする。それでよいと思います。

最後に、周りの人や環境、今日、自分の命があることすべてに感謝することだけは忘れないようにしています。当たり前なんて一つもないということを、起業や出産育児を通じて強く感じるようになりました。感謝する気持ちが少ないと何事もうまくいかないのではないかと感じています。

人生は長いようであっという間です。そして時間は命そのもの。1日1日を大切に、今までいろいろな方に助けてもらってここまで生きてきたので、人生の後半戦は周りの方によい影響を与えられる人間になっていきたいと思います。

最後に、こんな私のことを好きと言ってくれる大切な人に、心からありがとう。

あなたへのメッセージ

どんなラッキーも

最初の小さな一歩は

自分が踏み出さないと始まらない。

秋山美穂さんへのお問合わせはコチラ

一つの出会いがきっかけで見つけた「やりたいこと」日本人と外国人を繋ぐ「共創デザイナー」という働き方

グローバル共創デザイナー

石川陽子

株式会社エルロン 代表取締役

1981年生まれ。大手人材会社に勤務し、営業、管理部門を経験する。人事部では、中途社員の採用業務と新卒社員の研修を担当。その後、大手日本語学校にて企業向け研修主任を担当。2019年、株式会社エルロンを設立。日本人と外国人が共に成長できる場をプロデュースし、外国人人材定着支援に力を入れている。一般社団法人外国人の子供たちの就学を支援する会・代表理事、一般社団法人日本外国人材協会・理事を務める。

06:00　起床、30分ストレッチ
06:30　SNS配信、情報収集、メール対応
07:30　シャワーなど身支度
08:30　業務開始（オンラインが多い）
12:30　社外・社内打ち合わせ、提案資料作成
12:30　昼食
13:30　社外・社内打ち合わせ、提案資料作成
17:00　日本語教師としてオンライン授業
18:00　外国人の子どもや、就労者向けのオンラインレッスン
19:00　経営者のセミナー参加
20:00　自社のオンラインセミナー開催など
23:00　就寝

消去法の選択

起業する人って、昔からリーダータイプで、圧倒的なカリスマ性があって、何か特別な考え方をもっている人なのだろう。そう思っている人は多いのではないでしょうか。私もそう思っています。なので、まさか自分が起業し、代表取締役になる日が来るなんて思ってもみませんでした。

大学3年生で就職活動をしていたとき、「志望理由」を考えるのが本当に大変でした。なぜかというと、もともと、やりたいことがない中で就職活動をしていたからです。就職活動を始める前、なんとなく「人事の仕事をしてみたい」という希望がありましたが、人事部採用の求人がないことに直面し、早々に諦めました。

では、どんな会社を希望するか。まず、内勤職で働けるところ。営業は売上目標や外出が多く、大変そうなのでやりたくない。そして人並程度にお給料を頂け、ボーナスは必須！土日祝日はお休みの会社で、穏やかな環境、平穏な暮らしができる企業を探しました。応募するとき、こんな自分勝手な条件に見合っているかどうか、そんなことしか考えずに受ける企業を決めていたように思います。企業の理念や事業内容をじっくり見て選ぶということはありませんでした。今思えば、人事で採用担当をしていた身としては、最悪な志望理由です。

当時は就職超氷河期で、「数受けないと決まらないよ！　まずは百社エントリーしよう」とキャリアセンターの先生に言われ、条件を比較し、自分がやりたくないことをできるだけやらないでいい職場を消去法で探して、とりあえずエントリー。そんな就活をしました。

このような就活をしたので、相思相愛になる企業はなかなか見つからず、希望通りの就職はできず、内定をもらった会社は三洋電機の子会社の人材派遣会社。しかも一番避けていた「営業職」での内定でした。不安しかない入社式だったことを、今でもはっきり覚えています。

就職して私が経験したことは、毎日の顧客先訪問、クレーム対応、目標達成できていないときの上司からの叱咤激励、最後には三洋電機の経営不振を受け、事務所をたたむという経験もしました。

その後、事業譲渡先のリクルートスタッフィングへ転籍することになりました。

私が望んだ平穏な毎日とはかけ離れた日々……そんな毎日を送るなかで、「仕事」とは、自分の意識よりも我慢をすることが重要なのだと考えるようになっていました。私にとってお給料は、嫌なことを我慢したことに対する対価、好きなことをやれる人なんて一握りなのだと、自分に言い聞かせていたように思います。

でも、この経験から得たこともあります。時には、流れに身を任せること。流れに素直に乗ることで、自分では思ってみなかった場所に行きつくということです。

流れに身を任せたことで、リクルートスタッフィングに転籍し、営業、コーディネーター、法務を経験させていただき、そして最後、就活前に諦めた人事の仕事をする機会を得ることができました。

やりたいことがなく、向上心や野心もなかった私ですが、結果これでよかったと思っています。そして、この時のキラキラとは無縁の私の就業経験は、今、新卒の方の新入社員研修や、外国人の就職をサポートするうえでとても役に立っています。

当時の迷いや、現状との向き合い方が参考になると言っていただけ、どんな経験も無駄にならないことを実感しています。

32歳で立った岐路、どっちが正しい？

そんな私のサラリーマン生活、疑問を持ち始めたのは30歳を過ぎたころでした。人事で中途採用を担当し、毎日自社の説明をするなかで、「弊社の平均年齢は30歳くらいです」と説明していたのですが、当時の自分の年齢は31歳。「私もそろそろ次の道を考えたほうがいいのかな」と思い始めました。

仕事は我慢することが重要で、分厚く重い鎧を着て毎日働いているような状況だった私は、自分の働く場所をいつの間にか居心地の悪い場所にしてしまっていたのだと思います。とはいえ、30歳を超えての転職は勇気がいりました。今では上場しているリクルートグループです。安定した企業を離れて、今より良い条件で働けるのだろうか……と。

そんな時に、ある出会いがありました。中途採用の面接をしているなかで、契約社員の営業職募集に、一人の中国人の20代男性の方からエントリーがあったのです。

その方は、中国の有名な大学を卒業し、日本語も大変流暢、履歴書の日本語も完璧。職歴はなかったので、第二新卒としてお会いしたように記憶しています。選考書類を見た時の印象は、どうしてこの経歴の方が、契約社員に応募してくるのだろう？　正社員ですぐに決まってもおかしくないのに、なぜ?と不思議に思ったくらいです。

当然、会ってみたいと思い面接にお越しいただきました。面接を開始して5分くらいで、その理由がわかりました。彼は、日本の面接でウケる受け答えを知らなかったのです。

私が志望理由を質問すると、彼は「私は優秀です。これまでも努力して優秀な成績を収めてきました。この会社の仕事はどれもイメージできます。あなたの会社は私を採用したほうがいい」と。力強く答える彼の話を聞きながら、私は固まってしまいました。

キャリアがないにも関わらず、この自信。さまざまな企業でこう言ってきたから、なかなか決まらなかったのだと感じました。残念ながら、この時も不採用を通知しました。

でも、その時にこうも思いました。こんな優秀な外国人の方でも、日本特有の面接習慣を知らなければ選択肢が減ってしまう。誰からも教えてもらえなかったから気づくことができず、自己実現する場所との縁が見つけられずにいる。彼のような外国人の方々に私のキャリアは役に立つんじゃないか、とひらめきました。

リクルートスタッフィングという会社は、一人ひとりの能力を評価する社風だったと感じています。その環境下に7年以上いたことで、国籍や文化の違いがあると、その人の本当の力を見てもらえないということに違和感がありました。日本で働きたいと考えてくださる外国人に、自分が人事として感じてきたことを伝え、必要なチャンスをもっと掴んでもらいたい。不思議ですが、この時からそんなふうに感じるようになりました。

外国人の方々が学ぶ場所はどこなのだろうと調べ始め、たどり着いたのが日本語学校の日本語教師という職業でした。はじめてやってみたいと思える職業を見つけたのが30歳を超えてからでしたが、そこからは、日本語教師になるという目標に向かって、どうすればなれるのか手段を調べ、就業条件などの情報を収集することに夢中になりました。

しかし、調べれば調べるほど、条件の悪い仕事であることがわかり、進むべきか止めるべきか……正しい道はどっちなのか、1年間悩みました。

周囲からは年収が半分以下に下がることや、非常勤講師が多く、生活が安定しにくい職種であることから、「人事の仕事を辞めてまで進む道じゃない」と反対されましたが、自分でも驚くことに、それでも「やりたい」という思いが強くなり、その思いを自覚できたことで「大丈夫！　やれる！」と腹をくくれたように感じます。

こんなに何かをやりたいと思ったことは初めてで、自分が後悔しないためにも、まずやってみよう！　精一杯やってみてダメなら、またその時に考えればいい！と決心し、会社に辞表を出しました。「どっちが正解か」ではなく、「やりたいことを見つけたのだから進みたい」という想いが強くなっていたのだと思います。

「やりたいこと」と「やれること」

日本語教師になるためには、いくつかの条件があります。その中のひとつが日本語教師養成講座に通い、420時間の授業を受けるという方法です。私は、大学で日本語教育を主専攻でとっていたので、すぐに教師になることもできたのですが、外国人の前に立ち日本語を教えるとなると、勉強と修行が必要だと思い、養成講座へ。約半年間は、事務のアルバイトをしながら通学しました。

その後も、やりたいことを実現させるために一直線に進み、日本語学校3校で非常勤として採用してもらえ、日中は授業、夜は授業の準備と日本語教育づけの毎日で、しんどいことも含めてやりがいを感じられる毎日でした。

日本語教師としてデビューしてから1年経った頃、当時、国内で最も留学生の人数が多かったヒューマンアカデミー日本語学校より、「専任講師として働かないか」とお声がけを頂き、お引き受けすることにしました。政府が掲げた留学生30万人計画真っ只中だったこともあって、留学生クラスは日に日に増え、私の経験の中での最大値は、3クラスの担任、週4日午前午後の授業に入り、夜は企業に出向き日本語研修をしていたことです。

そんな毎日のなかでも、私の中で譲れない思いがありました。それは、「日本で働きたい（働いている）外国人の力になりたい」という思いです。このために転職を決めたので、ここだけは譲ることができませんでした。

ところが、日本語学校は留学生が急増中で、開講させたいクラス数に対して日本語教師の数が十分ではなく、専任講師は留学生のクラスに入ることが優先された時代でした。私の「やりたいこと」を上司に何度も伝えましたが、「留学生のクラスにできるだけ入って、余力の範囲でやりたいことをやってください」という反応でした。当時のことを思えば上司の回答は当然です。それくらいの状況でした。

今より若く血気盛んだった私は、負けてたまるか！というような気持ちになり、入れるだけの授業に入りましたが、やはり無理はよくありません。抱えられないほどの授業数を持つことで授業の準備が間に合わなくなり、3時間の授業をどうマネジメントするのか未計画になることが増え、教室に向かうことが怖くなってしまったのです。それでも、私にやれることは、授業に穴をあけないように教室に行くことでした。留学生に申し訳なく、転職してからはじめて辛いと思った時期でした。

この時期から、また悩みはじめました。私はどうして日本語教師という仕事をしたいと思ったのか。日本語学校に勤めている限り、留学生の授業がメインであり、私がやりたいことはサブになるのではないか……。

迷いながらも、3年間、日本語教師の仲間と進んだ日々は充実していました。1300名の留学生との出会い、さまざまな企業や大学での日本語研修の提供、日本語研修のコンペでのプレゼン、介護施設向けの「やさしい日本語」導入研修の実施と実践論文の制作。書ききれない程の経験をさせていただき、優秀講師賞を頂いたこと、今でも日本語教師を続けて行くなかでの糧となっています。日本語を学ぶ外国人の方々の成長に感動した思い出も多く、ヒューマンアカデミー日本語学校での経験は、私の財産となっています。

そんな日々のなかで、自分がやりたいことを実現する方法を考え続けた私は、組織を離れ起業することを考え始めていました。理由は、大きな組織の中には、さまざまな人の考えが生きていて、自分がやりたいことを押し通すのは違うように感じたこと、そして、今の場所でできないなら自分で場所を創ればいいと感じたためです。

そこからは、またエンジンがかかりました。起業するための条件、資本金は必要？　株式会社って何？　一般社団法人や個人事業主でスタートする方法との比較など、通勤する電車の中で調べていました。調べていくと、起業することのハードルが以外と低いことがわかり、しかも東京都がさまざまな支援をしてくれていることを知り、自分の力でやってみようという気持ちが一段と強くなりました。

ありがたいことに、共に歩んでくれる仲間にも恵まれ、「これは起業するしかない」そう思って無料で相談できるさまざまな機会をフル活用し、2019年3月に、株式会社エルロンを創業しました。新しいことをスタートするのは楽しく、とてもワクワクしました。

一日も早くメンバーを呼び寄せるため、創業融資の準備をしたり、助成金の申請をしたり、振り返ってみると、よく一人でできたな……と思いますが、アドレナリンが出続けていたのか、疲れを感じることなく、高揚感を感じる日々でした。無事にメンバーが入社してくれた時は何よりも嬉しく、事業拡大に向け心弾む思いでした。

一気に加速すると期待していましたが、2019年12月からコロナウィルスの影響で、風向きが変わり、2020年まで入っていた研修スケジュールは全てキャンセル。受注予定だったコンサル案件も失注し、創業一期目、1000万円の売上を期待しましたが、全て失うことになりました。

国内でのコロナウイルス感染、海外からの入国見合わせ、緊急事態宣言発令と、日に日に悪くなるニュースを見ながら、これ以上のネガティブ情報がないようにと祈る日々を送りました。この時は、今やれることをやり続けるという毎日でした。やりたい事をするために創業したのに皮肉なものです。

「起業」という選択が変えた人生

「いいところに目をつけたね！」「この事業はこれから伸びるだろうね」

エルロンを創業する時の事業計画書を見ていただいた、さまざまなコンサルタントの方にそう言っていただきました。真に受けていたわけではありませんが、少し調子に乗ってしまったところはあったと思います。それがコロナ禍という状況で一変しました。一時期は状況を受け止めきれず、精神的に不安定になっていた時期もありました。今思い出しても、心が締め付けられほどです。

そんななか、諦めずに進めたのは、同じ方向を見て進もうとしてくれた仲間がいたことと、状況を察して助けてくれた家族の力があったからだと感じています。起業後すべてが順調に進んでいたら、私はこの大切さを今ほど感じていなかったかもしれません。

「起業するうえで何が一番大切ですか？」とよくご質問いただくのですが、今回の経験から「仲間」が一番大切だと心の底から感じています。自分一人でなんとかしてきたと勘違いすることが多かった私は、起業して人生観を変えることができたと思っています。

2020年、オリンピック延期、1年程度で収束するかと思ったコロナは2年以上経済を止め、今までの当たり前を変えていきました。時間の経過とともに、ショックにも慣れたのか(笑)、想定外の事に動揺することがあまりなくなって、メンタルが鍛えられたことも良かったことだと思っています。後ろに下がらずに一歩でも半歩でも進もうと努力した3年間、さまざまな方とのご縁、繋がりに支えていただき、エルロンは4期目を迎えることができています。

起業してすぐコロナの影響を受けたことで手放したものもたくさんありますが、それ以上に得たものが大きかったように感じています。その中の一つが、2021年1月から開始した、日本語教師による日本語教師のための協働学習の場「日本語教師アイディア塾」です。毎月1回オンライン開催している無料イベントなのですが、累計1000名を超える日本語教師が集まり、日本最大級の協働学習の場に育っています。

また、日本語がわからず小学校や中学校に通えない、外国につながる子ども達の日本語を支援していくことを目的として、2021年6月に立ち上げた、一般社団法人外国人の子供たちの就学を支援する会も、クラウドファンディングに挑戦し、200名を超える方々からの温かい寄付を受け、プロジェクトを遂行することができています。

これからの日本経済を発展させていくためには、2040年までに約640万人の外国人人材の受け入れが必要になるというデータがＪＡＩＣＡの研究から出ているように、日本人と外国人の共創をデザインしていくということは、重要なテーマであり、その中で日本語の支援は不可欠なものです。日本人も外国人も双方が幸せで、持続可能な社会を創造するためにも、エルロンではプロフェッショナルな日本語教師チームを育て、質の高い日本語支援の提供を行う組織創りを目指し、邁進していきたいと思っています。

私の章を最後まで読んでくださり、本当にありがとうございます。読んでいただいてお分かりの通り、私は特別な考え方を持っているわけではなく、リーダータイプでもないですし、カリスマ性も全くありません。そんな私が起業したのは、「やりたいことを見つけた」からなのだと思います。もし、今、これを読んでくださっているあなたに「やりたいこと」があるとしたら、起業じゃなくてもいいです。何かカタチにする方法を考える、そんなヒントが私の経験の中にあったらとても嬉しいです。

人生100年時代と言われています。弊社エルロンの取締役は、現在61歳ですが、日々新しいことにチャレンジし、100歳まで現役の日本語教師でいたいと申しております。できるかできないか、それはやってみないと分かりません。あなたに「やりたいこと」があるなら、まずは行動することをおススメしたいと思います。

これからのあなたのミライが輝きますように！

あなたへのメッセージ

流れに身を任せることも大切。

流れに素直に乗ることで、

自分では思ってみなかった場所に

行きつくこともある。

石川陽子さんへのお問合わせはコチラ

〝国籍の違いを越え共生できる文化づくり〟「好き」を続けた先にやっと見えてきた私の「道」

外国人受け入れ事業

片庭慶子

みらい協同組合 代表理事／みらい日本語学校 理事長
ＮＰＯみらいフォスターリエゾン国際機構 代表理事

1977年、茨城県生まれ。海外からの外国人受け入れに関わる手続きや、日本で仕事や生活をスタートさせるための教育に従事。『国籍の異なる人が共生し合える〝文化〟を根付かせたい』という想いから、日本の外国人受け入れ環境そのものをより良く見直してゆくための活動にも力を注ぐ。また、NPO活動では海外のNGOと連携し、経済的な問題を抱える子ども達に対して日本人が里親となり支援・交流する『海外里親プロジェクト』を始動。FMラジオパーソナリティ、いばらき大使、拓殖大学客員教授として、多様性社会実現のための情報発信を続けている。(一財) 外国人材共生支援全国協会 (NAGOMi) の理事も務める。

06:30　起床と同時にメール＆SNSチェック
07:00　家事＆朝食など朝の準備
08:30　子供を保育園へ送り、仕事開始
　　　（リモートワーク、出社、商談など日による）
18:00　保育園にお迎え
18:30　夕食（自宅または車中にて）
19:00　平日はほぼ息子の競技（ランバイクやBMX）の練習等で外出
22:00　外出の日は帰宅後に家事など
24:00　メール＆SNSを確認しながら就寝

外国人受け入れ事業との出会い

私は、茨城県のつくばみらい市（旧谷和原村）という田園風景が続く田舎で、3人兄弟の長女として生まれ育ちました。小さい頃から海外や少数民族など、自分のいる環境と違った文化風習に興味があり、特に好きだったのは、世界遺産や遺跡、各地に残る原住民の生活や伝承など。小学生の頃から自分の本棚にはそのような本や写真集が並んでいました。

中学2年生のとき、たまたま雑誌で見つけたアメリカ・サンディエゴへのホームステイプログラムにどうしても行きたいと両親を説得したのが初めての海外でした。以降も、興味のある国々へのホームステイや留学プログラムを見つけてくる私の要求を、心配しながらも聞き入れてくれ、費用を出し見守ってくれた両親。そうした体験が今の私に確実に繋がっていると思うと、本当に感謝しかありません。

海外に関心を寄せ続けるなかで出会った「技能実習生受け入れ」の仕事は、父の創業した地元茨城県の会社が、新しい取り組みとして技能実習生の管理組合を設立するというタイミングで、声をかけてもらったことがきっかけでした。「外国人に関われる仕事」、ただそれだけでワクワクし、その立ち上げに関わることになりました。

しかしながら、はじめて聞く「技能実習」という制度。1981年に「外国人研修制度」としてスタートした、海外（主に東南アジア）からの研修生（現在の技能実習生）の受入れ制度で、その時点ですでに15万人もの技能実習生が日本にいること、さらには、茨城県の主産業である農業や製造業などの現場で、既に多くの技能実習生が活躍していることを初めて知ることになりました。

社会人になってからも、在日外国人の生活や学習サポートなどの国際交流ボランティア活動に積極的に参加していたことで、日本に住む外国の方々についてかなり知った気になっていました。しかしながら私が触れ合っていたのは、私自身の興味が及ぶほんの表面的な部分だけだったのだと、大変ショックを受けたことをよく覚えています。

そして、何より大きな衝撃は「技能実習生」を調べると検索ワードの候補に出てくる、「奴隷」「不法滞在」「失踪」、さらには「殺人事件」という、決して歓迎されない言葉の数々。「日本に居ながら異文化交流ができる！」などというお気楽な発想から取り掛かった自分の浅はかさに恥ずかしさを感じ、リアルな現実を知れば知るほどに深まるショック。と同時に、「なぜ？」「どうしたら？」という疑問が生まれ、その現実の〝ど真ん中で関わる〟ことに大きな意味を感じていきました。

葛藤……仕事と子育てと

根深い問題が取り沙汰される技能実習制度ですが、私にとっては出会う実習生一人ひとりとの関わりが国際交流そのものでした。入国して来る実習生に対して、

「○○国のどこで生まれ育ち、そこはどんな場所なのか？」

「この季節にはどんなイベントがあるのか？」

「家族は何人で何をしているのか？」

「子供の頃はどんな遊びをしていたか？」

「どんな学校に行っていて、どの教科が得意だったか？」

「将来の夢は？　それに対してご家族の思いは？」などなど……。

言葉の問題でうまく伝わらないことや、ちぐはぐな会話になることも含めて、私にとって本当に楽しい時間でした。

受け入れ初期の実習生たちとはそんな個人的な繋がりを持てていたものの、人数が増えていけば当然、一人ひとりと個別にじっくり向き合うことはできなくなっていきました。

そして事業としては当然ながら、実習生の受け入れ人数を「売上」として計算し、「経営」

しなければいけないということに対し、〝楽しい国際交流〟の気持ちからマインドシフトしなければと、自分にかけるプレッシャーも大きくなっていきました。

技能実習生の受け入れが軌道に乗ってきた頃、新たな外国人の受け入れ母体として日本語学校を開校することになりました。

ところが、その開校準備のタイミングで自身の妊娠が分かり、待ちに待った第一期生を迎えた直後に出産。開校式でのお祝いの祝辞以降しばらくの間、実習生とも留学生とも顔を合わせることができない日々が続きました。

妊娠中こそ、これまで仕事とライフワークに生きる自分しかイメージできなかった私は、どれだけ早めにまた現場に戻れるか？　海外出張はまたいつ頃から行けるようになるか？と、まだまだ仕事優先の発想でした。

しかしながら出産後、赤ちゃんを抱えて現実的に身体が動かせなくなると、強制的に発想の転換をせざるを得なくなりました。これまでとは優先順位をガラリと変えた動き方にしなければいけない葛藤を抱えながらも、目の前にはやっと授かった待望の我が子。さまざまな場面で諦めることも多くなりましたが、気持ちを切り替え、子育てに最優先に取り組み、制限がある中でビジネスの上での自分自身の役割を考えていきました。

その結果、必然的に自分と向き合う時間が多くなることで、自分の役割や今後目指したい方向、さらには得意なことや不得意なことなど、あらためて認識する時間となり、「できなくなった」ことに囚われてモヤモヤするのでなく、今の自分の状況で「できること」「やりたいこと」にフォーカスすることが自然とできるようになっていきました。

そして、今の自分ができないことを前向きに手放し、人に任せて頼ることができるようになったことで、周囲の人々への感謝の気持ちや信頼感も確実に高まりました。

子供を保育園に預けられるようになっても、自宅から遠い日本語学校や実習生が働くお客様先にはなかなか足を運ぶことができないまま、留学生においては名前と顔も一致せず、入学式や卒業式にだけ祝辞を述べに行く理事長という存在に。実習生とは一度も個々に言葉を交わすことなく、期限満了で帰国していく子もいます。

祝辞を述べに出席する卒業式で学生達に囲まれる先生方を見ると、日々培われてきた生徒達との絆を感じて温かい気持ちになる一方で、「羨ましいなぁ」と思いながらその様子を眺めています。これからもそんな気持ちを持ちながら、実習生や留学生の入国から卒業・帰国までを見守りたいと思っています。

実習生や留学生個々と関わる機会は減りましたが、もっと広い視点で今の日本の外国人の受け入れ環境を考え、より良い制度や地域文化を作っていくための活動をしたいと考えていた頃、全国組織として立ち上がった一般財団法人外国人材共生支援全国協会（NAGOMi）の理事として取り組むチャンスをいただきました。

ここまで関わってきた業界の中で、最終的な自分自身の身の置きどころを模索し続けていた私にとって、また1歩、次のステージへと気持ちを進めるきっかけとなりました。

また、出産後に立ち上げたNPO法人みらいフォスターリエゾン国際機構では、「海外里親プロジェクト」を立ち上げ、モンゴルのシングルマザー家庭で育つ子ども達への経済支援をスタートすることもできました。

この団体は、私がインドネシア在住中に立ち上げたボランティア活動を引き継いだものですが、これこそ、出産とコロナ禍で海外に行けなくなり、「できなくなった」活動を、日本に居て育児をしながら「できること」へと発想を転換できたことによる産物だと思っています。

インドネシアでの活動も現地の子ども達との交流が主でしたが、自らの子育て経験によって感じた子育ての大変さと尊さとが、この活動により深みを持たせてくれたことは間違いありません。

外国籍の方が日本で共生するために

「外国人の受け入れ」という仕事は、外国籍の方が日本に入国・滞在するための手続きを代行し、空港へのお迎えから住まいの手配、生活を始めるためのフォロー、ビザ更新のための試験や手続き、ときには生活指導や事故・病気などの対応に至る、入国してから帰国するまでの生活や就労を管理・サポートする仕事です。

弊社グループでは、「留学生」のための日本語学校や、「技能実習生」のための管理組合、「特定技能」の登録支援機関など、さまざまな在留資格に対応できる認可とサポート体制を整えています。

外国籍の方を日本に迎えるにあたっては、実務的なサポートに加えて、他国の文化・風習・宗教・価値観などの『異文化』を「日本人が受け入れる」ためのフォローをすることも、この仕事のとても大事な側面です。

たとえば、宗教によっては口にできない食材があることや、お祈りの場所と時間の確保が必要な場合もあります。日本人にとって馴染みの薄い「宗教」については特に気を配らなければいけないことのひとつで、来日後の生活環境と、ご本人の宗教観やこれまでの習慣等、両者をよくヒアリングして双方が歩み寄れるところを見つける必要があります。

昨今は、日本も国際化が進み、日常的にも外国人が近くに住んでいたり、コンビニの店員さんが外国人だったりと、環境からの自然な「慣れ」が、日本人の気持ちの上での国際化をソフトに後押ししてくれているように感じます。しかしながら、たとえば職場に入る技能実習生などの場合、当然ながらお互いに「国際交流を楽しむ」感覚では乗り越えられない問題は日々起こります。

仕事現場でどうしても多いのがやはり「言葉の壁」。それが「心の壁」を生み、心の距離ができたまま対話を諦めてしまうと、その後ずっと双方の間に壁ができたまま帰国の日を迎えてしまうということが、残念ながら起きているのも現状です。

実習生や留学生の受け入れは、「送り出し機関」と呼ばれる各国のエージェントと協定を結び、日本へ迎え入れる準備段階から日本滞在中のサポート、そして帰国までを現地とのパートナーシップのもとにおこなう事業です。私が現地のパートナーに望むのは、何よりも入国前にしっかりと「日本語」を勉強してきてもらうこと。それは必ずご本人の来日後の仕事や私生活の充実に関わってくることになるからです。

日本は外国人や異文化に対してよく閉鎖的と言われますが、私は日本人はただ率先して歩み寄ることが苦手なだけで、むしろ「来るものに優しい」国民性だと感じています。

そこで日本人の気持ちにぐっと近づくことができるのが、やはり「日本語」だと思うのです。「一生懸命勉強した日本語でがんばって話す」外国人を、「かわいい」と受け入れる包容力こそ日本人の持つ特性であると信じ、外国人の方から最初の一歩を歩み寄るために、ぜひその「入口」となる日本語に親しみを持って来日してもらいたいと願っています。

こうした事業と並行して取り組んでいる私のライフワークとしまして、20年程前から担当しているFMラジオ放送では、各国の大使をお招きしてその国の文化と教育や子育て環境についてお聞きし、多彩な考え方や日常を知ることの楽しさ、そして他国の人々に親しみを持ってもらえるような発信を続けています。

また、拓殖大学の客員教授として、国際関係に興味のある大学生に向けた在日外国人についての座学に加えて、講義の場に実習生や留学生にも参加してもらい、同世代同士がお互いに関心を高め、価値観の交換・交流ができる場づくりをおこなっています。

さらに、生まれ育った茨城県の大使（いばらき大使）として、在県外国人との交流や、海外に茨城県の魅力を発信する活動にも取り組んでいます。

点と点がいつかきっと線になる

「好きなことを仕事にしているね」と言われることがあります。しかしながら、私の今の立ち位置やライフワークは、先の目標を定めてひとつずつ成立してきたことでは決してなく、どちらかというと「流れに身を任せて」きたというほうが近いかもしれません。

その「流れ」の中にはもちろん前向きな経験ばかりでなく、失敗や後退もたくさん含まれています。そうした全てを含めた流れを、10年、20年…とあとから振り返ってみたら、経験してきたことが今に繋がっていることがわかった。そんな感じで今に至っています。

しかし、「今日」取り組んでいることが未来の何に繋がっているのか、計画こそできても、実際は予測不可能だと思っています。それでも「今」というひとつの「点」を信じて物事に取り組むにあたり、私の今日までを振り返って「こうしてきて良かった」と思うことを2点共有させていただきたいと思います。

ひとつは、『点（今）を続けていると線（将来に繋がる道）になる』と信じて、「楽しむ」気持ちを大事にすること。「今」にフォーカスし過ぎて辛くなるときには、「今」は長い「流れ」

の中の一時期として何か意味があることと考えると、気持ちが軽くなるかもしれません。また、特に「好きなこと・心動かされること」については、そこに意味を考える前に心の声に従って即行動してきたように思います。

また、ときには止めることもひとつの「流れ」と思い、そこに至る経験を無駄だったとは決して思わないでいただきたいです。後から振り返ったとき、その止めた決定も含めて今に繋がっていたんだと思える経験は、私自身も何度もあります。

もうひとつは、新しいことが舞い込んで来たときや、チャレンジしたいことが出てきたときに、即座に動ける前向きなフットワークを大事にしています。

これまでのお仕事やライフワークの中でいただいたお話の中には、「私にできるのか……」と、自分への自信のなさから躊躇することもたくさんありました。そこでいつも思うようにしていることは、いただいたお声掛けや自分の心が動いた物事には、きっと何か「意味」があるということ。それこそ「流れ」の中のひとつと捉え、その流れを自分で遮ることなく、身を任せる感覚で挑戦してみるようにしています。

その結果、「できなかった……」と気落ちすることもありますが、案外他の人の目には「失敗」と映っていない（実は誰もそんなに気に留めていない）ことも多いです。そういう私も、他の人にどう見られるかばかりが気になって、何ごとも「模範解答」を前面に出し、「自分」をなるべく隠していた時期もありました。そんな状態では良い結果が出るはずもなく、どうしたらもっと自然体でいられるのだろうと思い悩んでいました。

今振り返って言えることですが、自分が「失敗」と思うことでも、その失敗（＝経験）を積み重ねていくと、いつの間にか「実績」というものになっている。それは、失敗したから・失敗がこわいから、といって自ら「流れ」を遮らなかった結果でした。

そして「経験」を積み重ねることにより、自分自身がそのステージに「慣れ」、知らない間に自分の幅が広がっていることに気がつく瞬間がきっと来るはずです。

最後に私の経験からの一例をお話しさせていただきます。

私はFMラジオでパーソナリティを務めていますが、きっかけは当時知り合ったばかりの友人からのお声かけでした。もちろん私は喋りのお仕事などしたことはありませんでしたが、そのとき「やります」と答えたことで、気付けば約20年、ひとつのキャリアと言えるライフワークとなりました。

そして、グローバルな情報番組として私自身も知らない世界各国の多様な生き方を発信したいと思いました。私の場合、今の仕事の関係で東南アジア諸国の知識はあり友人も多い一方で、アフリカ大陸が未知の世界。そのため、強く興味を掻き立てられていた地域でした。もちろん友人もいませんが、日本には各国の大使館があり、駐日大使がいらっしゃる。そこで、アフリカ諸国の大使をゲストにお招きすることにしました。

よく「大使館に人脈があってすごい」と言われますが、そのツテは大使館のホームページに載っているメールアドレスと電話番号です。

このようなときに大切なのは、自分から先回りして次の課題を見つけにいかないことかと思います。（例えば、このとき次の課題のひとつは私の英語力でしたが、大使とのアポイントが取れるまでは気にも留めず、いざ訪問日程が決まってからが緊張の日々でした笑）

この本を手にされている方は今まさに、何かに一歩踏み出そうとしている瞬間かもしれません。ぜひ物事に取り掛かる前に「できるか／できないか」を考えるのではなく、やってみた後、「できたか／できなかったか」の結果から、また次の行動に移ってみるというステップで、前進していっていただきたいと思います。

どこかで振り返った時に、すべての経験が一本の線となっていることを心の片隅で楽しみにしながら、「今」の気持ちに正直にシンプルに、進んでみてください。

あなたへのメッセージ

自分の心が動いた物事には、

きっと何か「意味」がある。

「流れ」の中のひとつと捉え、

その流れを自分で遮ることなく、

身を任せる感覚で挑戦してみることが大切。

片庭慶子さんへのお問合わせはコチラ

一つ一つのコンプレックスを解消したことで辿り着いた起業！夢を実現する壁を乗り越えるための４つのヒント

スピリチュアルカウンセラー
金谷愛理
A.e.r.i.s. 株式会社 代表取締役

1987年、兵庫県生まれ。いわゆるHSPであり、物心ついた頃からあらゆるものを敏感に受け取りすぎて生きづらさを抱える。大学卒業後、大手信託銀行に就職。繊細さや生きづらさを解消するために自分の道を模索し、自己啓発→スピリチュアルな世界に出会う。2016年、副業として活動を開始、2年後に独立。起業初年度から年商8桁を達成。2020年12月に法人化。「ブレない自分軸を構築する」といった、従来のスピリチュアルを超えた視点からのオリジナル講座が人気。「現実化にとことんこだわったスピリチュアル」を伝えることを得意とする。経営者として大学での講義も行っている。

08:00　起床
10:00　午前のセッション
12:00　その日の吉方位へ行きランチ
14:00　午後のセッション
16:00　事務作業やブログ執筆など
19:00　夕食＋自由時間
24:00　就寝

コンプレックス＝『あなたにしかない宝物』

大卒で銀行に入社し、8年半働いたのち31歳でスピリチュアルカウンセラーとして起業、その後2年で法人化しました。今でこそ好きなことを仕事にして、自由に自分を表現しながら生きられている私ですが、元々は自分に自信がなく、コンプレックスまみれでした。生きづらさや、自分と周りとの違いを感じては自分と向き合い、コンプレックスを一つ一つ解消していった先で出会ったのが「起業」という道でした。

私の章では、今コンプレックスや生きづらさを抱えるなかでも必死に生きているあなたに、自分の中にしかない『宝物』に気づき、一歩を踏み出すためのヒントをお伝えできたらいいなと思います。

幼少期から、あらゆる感覚が過敏で、それによる生きづらさを抱えていました。赤ちゃんの頃はとにかくよく泣く子で、寝ない食べない。成長しても食は細く、小学生の頃はガリガリでした。耳が良すぎて無音空間でも音を拾ってしまい、家の外など遠くの音まで聴こえるので、2階にいても1階のテレビの音で眠れなくなる。いまだに耳栓がないと眠れず、不眠は日常的にあり、あまり体もタフなほうではありません。

在日韓国人3世として、韓国と日本の文化が混じる少し特殊な環境で育ちました。韓国は美容大国と言われるだけあって、外見を重視する文化も根強いです。一重まぶたで、子供の頃からいつもムスっとしていたので、周りと比べてよく「愛想がない」「かわいくない」と言われて育ちました。子供ながらに「かわいくないからダメなんだ」「私は愛されないんだ」と思い込み、性格はどんどん捻くれていきました。

日本で生まれ、日本語しか話せなかったのですが、何となく「自分の家族はどこか友達の家族とは違う」と、言葉にできない違和感を感じていました。20歳の頃、ゼミ旅行で韓国へ行って、初めてアイデンティティを見つけた気がしたのです。適当な接客や、ガサツな文化を目の当たりにしては、自分のルーツだ！と感動しました(笑)

もしかしたら、日本で日本人として生まれた方にはわからない感覚かもしれません。幼い頃から、自分と周りの違いを感じては、「自分探し」をし続けていたので、その大きなヒントが、血縁上は母国である韓国に行くことで見つかった気がしたのでした。

在日韓国人であることも、長く私のコンプレックスの一つでした。日本という国に根付いていないということ、周りとなんとなく違うということをプラスに捉えられるようになったのは、自分と繋がり、本音で生きることができるようになってからのことです。

幸い、中学時代に出会った塾の先生が今でも心に残る恩師であり、恩師の教えで当時勉強だけは一生懸命頑張っていました。先生はいつも「今いる世界がすべてではないこと」を教えてくれました。毎日どこかしらの窓が割れるというなかなかファンキーな中学校に通っていましたが、先生のおかげでその環境に染まりすぎることもなく、目の前の現実がどれだけ辛くても、まだ見ぬ未来や広い世界を想像できました。

当時から、人生のステージが変われば状況は改善されると信じて、日常生活で腐らずに努力を続けてきたことで今の自分があります。先生には感謝してもしきれません。

猛勉強の末、高校は志望校に無事合格。しかし、誰かが毎日先生に殴りかかって授業中断が当たり前だった中学から県内有数の進学校に入ってしまったギャップは大きく、なかなかクラスに馴染むことができませんでした。心はいっぱいいっぱいだったのだと思います。後に続く弟妹のためにも、死んでも国公立に進学しよう！とかなり自分にプレッシャーをかけていたし、自営の会社が倒産して大変だった親には心の内を話せませんでした。

でも、何事にも真面目で努力家な両親を心から尊敬していました。「真面目な両親が報われず裏切られた」「在日韓国人だからって舐められたくない」そんな社会に対する鬱憤を晴らしたくて、勉強に邁進していたところもあったと思います。

当時少し病んでいたのかもしれませんが、高校生の時によく読んでいたのは犯罪ルポタージュや自殺に関する自伝ばかり。この頃から、「人の心理」にとても興味があり、自分の満たされない想いや自信のなさに無意識にアプローチしていました。

大学生になっても、風が当たるだけで顔中に激痛が走るようなニキビができたり、引き続き自己肯定感はなかなか上がりませんでした。とにかく「みんなと同じことができない」という思いを抱くには十分すぎるくらいの体験をしてきたかと思います。

しかし、今考えると、間違いなくそういう経験が重なったことで今の道に導かれたと思います。もしも何の困難も苦労もしていなかったら、今のようには生きていないでしょう。

私は迷った時に必ず宇宙の法則に立ちかえることにしていますが、宇宙の法則では、「私たちは生まれる前に今世やることを決めてきている」と言われています。今何かしらの生きづらさや境遇で苦しんでいる人も、その苦しみがあなただけの道に誘うためのヒントになっているかもしれません(渦中だとなかなかそうは思えませんが笑)。

私は「生きづらさ」や「周りと違う自分」と向き合って受け入れていこうとする過程で、宇宙の法則や魂のことを知り、それによって本当に救われ人生を変えることができました。

自分の境遇や環境を憎むのではなく、そこにどのような意味があるのかを見つめることで、本来の自分で生きるためのヒントが見つかると思います。

様々な困難から導かれた「魂の道」

大学を卒業し、２０１０年より信託銀行員としての社会人生活が始まりました。結果、半年くらいで「これが私のやりたい仕事ではない……」と悟ります。ルーティン・マニュアルに基づいた事務処理の多さ、自由度の低い仕事。自分の苦手な部分をえぐられるような仕事ばかりで、自分を殺さないとできないことも多かったです。

何度も辞めたいと思っては、思いとどまる……ということを繰り返しました。敏感&繊細すぎる私は、毎日会社に行くだけでなぜかよく体調を崩していたし、そのくせ自己肯定感の低さからすぐに誰かと対立したり、相手に勝とうとしてしまうところがあり、いつも誰かと戦っていました。とてもアンバランスで、そんな自分が自分でも嫌でした。

「自分にしかできない仕事がしたい」という想いはあったものの、それが何なのかは全くわかりませんでした。とにかく自分に自信がなかったのと、自分の本音を誤魔化して生きていたので、やりたいことに突き進むということができず、悶々としていました。

そんな時、ネットワークビジネスに手を出してしまい、家族を深く傷つけてしまいます。「とにかく現実を変えたい」「楽して稼ぎたい」という弱い心と自分への自信のなさに、耳触りの良い話がスッと入ってきてしまったのです。

ネットワークビジネスの世界からなんとか離れることができたとき、「もう自分の本音を誤魔化すのはやめよう」と強く思いました。それまではとにかく現実から逃げたくて、お金になりそうな資格を取ろうと大金をかけては挫折したりもしていました。もう自信のなさからくる決断はやめて、自分のやりたいことをやろう！とやっと決意できました。

そこからはとにかく、「頭ではなく心がやりたいと感じること」にチャレンジすることにしました。２０１５年頃、人生を変えるきっかけになった「ヒプノセラピー」に出会います。初めてヒプノセラピーを受けて自分のインナーチャイルド（内なる自分）に対面した時、「いかに自分が自分を蔑ろにしてきたか」ということがはっきりとわかり、涙が止まりませんでした。

当時のセラピストさんは、ヒプノセラピスト養成講座を受けるよう勧めてくれました。私はセラピストになるつもりはないし……と断ろうとしましたが、「自分のために受けたらいいよ。絶対変われるよ」と背中を押してくれ、思い切って受講を決意しました。

結果は大正解。これまで「できない」と思い込んでいたことにもすんなりチャレンジできるようになり、道が拓き始めました。ヒーリングの師匠ともタイミング良く出会い、「今世あなたにはやることがたくさんあるよ。スピリチュアル能力を伸ばすといいよ」と言われ、2週間後にはヒーラー養成講座を受けていました。その3か月後にはハワイまで講座を受けに行くという大胆な行動に（笑）。それまでは「何もかもが怖い」と思っていた自分からは考えられないくらいの、大きな現実の変化と決断と行動でした。

スピリチュアルセッションを提供する側になるとは思ってもみませんでしたが、感覚の鋭さや過敏さがむしろ武器になるとも思いました。2016年秋から副業として活動を始めると、必要なご縁は自然と繋がっていきました。副業を始めると会社に対しても感謝の気持ちを抱くようになり、あまり「辞めたい」とは思わなくなっていました。

そんな折、1通のメールが届きます。「副業をバラしますよ」といった脅迫めいた内容のメールが、わざわざ捨てアドレスから私の本名宛てで送られてきたのです。当時銀行で副業は禁止されていて、本名は出さずに活動していたので、身近な人からだとすぐにわかりました。本当にショックで何日も眠れませんでした。吐きそうになりながら何日も悩みました。両親が自営業で苦労しているのをずっと長い間側で見てきたこともあり、「起業したい」という想いは長く封印していたし、安定を手放すのは本当に怖かったです。

でももう、答えは出ているとも思いました。ここで自分に嘘をついたら一生自分を許せないだろうと思い、退職を決断。完璧に自信があったわけではなく、収入も全く安定していませんでしたが、2018年秋に8年半続けた銀行を退社しました。

成功とその陰で。道標は他でもない「自分」

独立して約半年後、影響力のある方が私をYouTubeで紹介してくれたことで、お申し込みが止まらないという初めての経験をしました。

慌てて全メニューの受付を休止、会社員時代以上に仕事に追われるように。1日3~4本セッションが入っていたこともあり、朝から夜まで休みなく働きました。間違いなく、嬉しい悲鳴でした。その頃の最高月収は500万円超。東京と神戸で開催した初セミナーでは、100名弱を動員しました。まさに華々しい活躍だったと思います。

でも、そんな成功の裏では心身ともにボロボロでした。独立後すぐにできた恋人とも別れたばかりで傷が癒えないまま日々忙殺されていました。彼のことは「やっと出会えた理解者」だと思っていたので、喪失感が凄かったです。自分のケアもまだうまくできておらず、基盤や軸もなかったので、指針のない中でがむしゃらに頑張るしかありませんでした。

不特定多数の方に注目されたことで、嫌な思いもたくさんしました。いろんな人がいろんなことを言ってきました。自分の考えに誘引しようとしてくる人もいたし、信頼していた方に裏切られたりもしました。発信するたびにつく心ないコメントにも胸を痛めました。

明確な自分の軸や器ができていなかったのだと思いますが、繊細すぎる私は、起こること一つ一つに落ち込んでしまっていたのです。支えを失い、この状況を独りで乗り越えないといけないこともなかなか受け入れられませんでした。目の前は真っ暗なのに、人から羨ましがられたりすることに心がついていかなかったのです。

そんな日々の中で私は、何年も自分探しをした経験を活かし、迷った時ほど自分と対話するようにしました。感情は抑えずに、泣きたい時には泣くようにしていました。そして小さな一歩でもいいからと、とにかく歩みは止めませんでした。目の前にあることから逃げず、一つ一つ解決していくようにしたのです。

私の仕事は「人を導くこと」。人を導くにあたり、スピリチュアルという仕事をするにあたり、ここまで自分を深掘りすることになるとは思ってもいませんでした。

でも実際は困難にぶち当たるたび、嫌な思いをするたびに、自分と向き合うことになりました。起きた出来事は起きた出来事として、「宇宙が自分に何を伝えているのか？」「何に気づくべきなのか？」を見つけるようにしました。見つけるたび一つ階段を登れたような感じがして、器が広がった感じがしていったのです。

２０１９年は特に「ヒーラーになりたい」「スピリチュアルで仕事がしたい」という人とのご縁をたくさんもらいました。そんな中で、内観や自分の深掘りができている人が非常に少ないということに気がつきました。明確に自分の軸がないのに、なんとなく「スピリチュアルで稼ぎたい」と言っている人たちの多さに危うさを感じ、自分を知ること・内観すること・軸を構築することの大切さを説くようになりました。

スピリチュアルな仕事だけではなく、人生全般・ビジネス全般に通ずることだと思いますが、何かを成し遂げ成功するためには「自分をよく知る」ことが必須だと思っています。特に起業など人と違う道を行くとき、私たちは「自分」を道標にするしかないのです。迷った時も心が折れそうになった時も、側で並走してくれるのは他でもない自分。「いつでも自分の声を聞いて動ける」ということがとても大切だと思います。

宇宙の法則を引用しても、「今世、大きく魂を成長させるぞ！」と決めた人にこそ、困難（に見えるもの）は現れます。それをどう「自分を成長させるチャンス」と捉えて自分を信じて乗り越えるか？　どんな時も「自分の感覚」があなたを助けてくれるでしょう。

起業初期であった２０１９年〜２０２０年は私にとって、とても精神的に鍛えられた期間でした。この時に感じたことや築いた軸は、私の事業において大きな基盤と指針になっています。そして今、従来のスピリチュアルを超えた「ブレない自分軸の構築」や「現実的に豊かになること」にとことんこだわったオリジナル講座やセッションで、たくさんの人を導く仕事をしています。この仕事に心からの喜びとやりがいを感じています。

あなたにしかない『魂の道』を愛そう！

私は最初から「起業しよう！」と思っていたわけではなく、一つ一つコンプレックスを解消していった結果、起業という道に辿り着きました。現在は「自分にしかできない仕事をする」という一つの夢を実現したものの、もちろんこれで完璧だとは思っていません。むしろ、壁を超えるたび宇宙が次の壁を用意してくれるので、ヒィヒィ言いながらなんとか生きています（笑）。そんなわけで偉そうに言える立場ではないのですが、私の章に出会ってくださったあなたの背中を少しでも押せたらと思い、いくつかお伝えしていきます。

◆しんどいときこそ行動をやめない

起業するようになって、経営者の方とご縁をいただくことも増えましたが、その中で必ずといっていいほど褒められることがあります。それは「行動をし続けられる」ことです。困難だ不幸だと諦めてしまえばそこまでだったかもしれないことも、とにかくなんとか改善させようと行動だけは続けてきました。今でも、しんどいときこそ目の前のことに取り組み続けるよう心がけています。月並みですが、失敗なしに成功した人はいないと思うので、まずはできることから動いてみませんか？

◆「怖い」はGOサイン

これはたまにクライアントさんにも相談されることですが、誰しもやったことのないことにチャレンジすることや、それにお金を使うというのは怖いですよね。私も何度もいろんな「怖い」を乗り越えてきました。自分の限界を超えようとしている時、要はコンフォートゾーンを出る時に、人間は「怖い」と感じます。いつしか私の中で「怖い」はイコール「GOサイン」になりました。自分の限界や枠を乗り越えて「結局大丈夫じゃん！」を経験するたびに、私はもっともっと自分のことを信じられるようになりました。

ただし、「嫌な予感」がするときは気をつけましょう。「怖い」と「嫌な予感」は違います。この違いは、自分を知ることで見えてきます。

◆エネルギー論を大切にする

起業している方や、社会で自立している方には、見えない世界や「運」を大切にしている人が多いです。成功者こそ自分一人の力ではなく、「大いなる何かの力」や「抗えない流れによってここまできた」なんて自覚されていたりします。もちろん、見えない世界に頼り切ることは良くないですが、「運」や「徳」といったものに対して、敏感であることは大切。宇宙を知ると自分が見えてくるし、自分を知ると宇宙が見えてきます。大いなるものに生かされていると思うと、生き方や考え方も変わってきます。

◆答えは全て自分の中にある

スピリチュアル的な言い方をすると、私達は一人ひとり「魂のブループリント（青写真）」というものをもっていて、そこには今世どう生きるかだけでなく、前世も含めて魂の経験が刻まれていると言われています。そのブループリントを持っているのは、他でもない自分自身。あなたの人生をクリエイトするのは、人生の舵を取っているのは、あなたなのです。これがわかっていると、迷うことがありません。自分を知ると、いろんなことが見えてきます。「風の時代」と言われるこれからの時代こそ、自分を知って、吹き飛ばされないよう明確な自分軸を立てることが大切です。

自分や自分の人生と向き合い続けたことで、見えたことや身についたことがたくさんあります。いつも自分の考えや感覚について考える癖がついたこと。右倣えではなく、常に自分で考えて行動を選択するようになったこと。人と違ってもいいと思えるようになったこと。諦めないこと。無駄なことなんて一つもありません。

あなたのコンプレックスもきっと、「宝物」へ昇華させることができます。一人でも多くの方の魂の道を思い出すためのヒントになったら……こんなに嬉しいことはありません。

あなたへのメッセージ

何かを成し遂げるためには、

まず「自分をよく知る」こと。

そして、いつでも自分の声を聞いて

動くことを心がけてください。

金谷愛理さんへのお問合わせはコチラ

業界未経験だったにも関わらず建設業で起業！
幼少期に身につけた言語を武器に
挑戦し続けたシングルマザーの物語

建設業／通訳・翻訳業／ウェディングフォト事業

嘉村美

株式会社ＫＡＭＵＲＡ ＧＲＯＵＰ 代表取締役
HARU KUNIYOSHI TRANSLATE OFFICE 代表
LOS OLIVOS AON WEDDING PHOTO'S 代表

1985年、南米生まれ。専門学校卒業後、航空業界で4年間就労。アルバイトとしてやっていた通訳・翻訳業を活かし、某社団法人で日系人就労日本語研修を2年間担当。その後、住んでいた市の通訳として任用職員に就任、警察署の協議員会も2年間務める。建設業で働く方と出会い、建設業界で数か月間、事務管理・経理を務めた後、株式会社ＫＡＭＵＲＡ ＧＲＯＵＰを設立。半年後、代表取締役に就任。さらに、通訳・翻訳業、別荘を利用したビーチ＆ウェディングフォト事業も行なっている。

05:55　起床　子供の弁当、朝の支度
06:30　朝食
07:00　子供　学校への送迎
08:30　家事
09:00　翻訳書類　作成
10:00　建設業作業開始　メールチェック等
11:00　現場　作業員の出勤確認
12:30　昼食
13:00　出先（外回りなど）
14:00　工程表などの確認、翌日の現場の確認
16:00　子供　送迎
17:00　翌日の作業確認
18:00　家族時間
21:00　自分時間
22:00　就寝

日本語の話せない両親と生まれ持った知恵

私は、スペイン系の母と日本人の父との間に生まれたハーフです。南米で生まれ、3歳の時に家族で日本へ移住しました。出稼ぎ目的でした。

父は日系ですが、海外育ちだったため日本語が話せませんでした。私は、日本語の言葉ひとつも言えないまま保育園へ入園し、2か月ほどで日本語を覚えました。

私にとって、その環境は楽なものではありませんでした。両親は言葉の壁と文化の違いにぶつかり、それを理由に1年ごとに県外へ転職しました。私は、小学校の学年が変わるたびに転校を繰り返していたため、幼馴染がいません。幸い、いじめや差別に一度も遭うことなく、どこへ引っ越しても、毎回、近所に恵まれました。

保育園の時は、隣に住んでいた老人夫婦によく可愛がられ、保育園帰りには、おじいちゃんおばあちゃんの家に行き、おやつをもらっていました。本当に優しかったです。初めて食べさせてもらった梨の味は今でも懐かしく想います。

この時から自然と同時通訳ができるようになっていました。小学校の連絡事項や先生との面談の通訳人として、小学校から高校に上がるまでは両親にとっての大事な役目を果たしていました。

子供の時はこの環境が嫌で、何度も親を責めました。日本の普通の家庭に生まれたかったと、何度も何度も思いました。家の中ではスペイン語、家の外に出れば日本語、これが当たり前の生活。自分だけ他の子と違うことを苦しく思いました。

今となってはカッコよくも思える生活ですが、90年代の日本には、まだ物珍しいことだったのです。大人になってからバイリンガルという言葉を知りましたが、当時は、カッコいいと思ったことなんて一度もありませんでした。恥と感じたこともあります。

今となっては、親に感謝しかないです。

時々、笑いながら思い出す出来事があります。5歳の時に父の運転免許試験に同伴し、（もちろん、通訳として）試験会場に一緒に入らせてもらい、親の試験の翻訳をしたことです。よくできたものだなあと、あの時を振り返りながら亡き父を思い出します。今では、「私のおかげだよ」なんて偉そうにつぶやいています。

中学生くらいの時にようやく転勤癖は収まり、拠点を千葉県に。

高校生ぐらいの時から、姉に教わりながらスペイン語から日本語への翻訳の練習を始めました。南米から日本に来る日系出稼ぎの人が増え、皆、言葉の壁にぶつかっていたので、小遣い稼ぎ程度に翻訳の依頼を受け始めました。

少ないようで多いのが可能性。お金が稼げるのならと、今までは嫌いだった翻訳や通訳が楽しくなり、言語に興味を持ちました。英語を勉強していくうちに、3か国語もできるようになれば、きっともっと良い仕事が見つかるかなと考えていました。実は、中学生のころからスチュワーデス（現在はCAと呼ぶ。年齢がバレます）に憧れを抱き、この道に進むことを決めた私は進学の準備（英検受験）を始めました。

そして無事、専門学校に進みました。しかし、ここで一つ目の大きな壁にぶつかりました。それは、中高生で将来の仕事を決める責任です。とても重かったです。

広いようで狭いのが視野。専門生になり、自分が思っていた世界とはかけ離れていて、安定していそうなグランドスタッフに進路を変更しました。

卒業後は、外資系の航空会社に入社しました。

自分との付き合い方

私は、当時まだ未完成だった羽田空港国際線に就職しました。英語が話せるスタッフが私を含め2人だったため、交代制で午後出勤が終わる夜23時まで働き、寮に泊まり3時間半の睡眠で翌日朝5時から出勤。かなりきつかったです。

2年後、通勤時間と労働時間に限界を感じ、成田空港へ移動しました。成田空港では、比較的安定をした平凡な日常生活を送っていました。

理想が叶った仕事につき、安定したタイミングで当時付き合っていた方と勢い余って結婚を決断。あまりにも突然の結婚に家族は驚き、よく思わない人もいましたが、両親はいつも味方をしてくれたので、温かく見守ってくれました。

結婚生活が始まって間もなく、父に癌が見つかり、1か月ほどの入院で亡くなりました。40年以上連れ添ってきた母は鬱になり、一緒に暮らすことになりました。

結婚生活の中で、彼への不満や関係に溝が見えてきた頃、何と一人目の娘を妊娠しました。父が亡くなった翌年の出来事で、今では、父からのプレゼントだと心の中で思います。そんな気がするのです。

本業の航空関連の仕事は、つまらない訳ではなかったのですが、「私はここにハマらない」と感じていました。このまま仕事を続けて、年をとって、結婚して、と思うと何か物足りなさを感じ始めました。とりあえず、副業として通訳や翻訳をやってみようと思い、外国人が集まりそうな施設や集団住宅地の管理事務所に名刺を配りました。

名刺配りをした甲斐があって、一本の電話が入りました。某財団法人から、「日系外国人就労者の日本語講師のコーディネーター」のお誘いでした。これはチャンスだと思い、何にも考えずに会社を辞め、オファーを受けました。通訳としての仕事が認められた感じがして自信が持てました。それはそれは楽しくてたまらなかったです。

外国人向けの日本語講習の中で、役所や警察の方を招いて、日本での生活やルール、役所での手続きを学ぶ授業があり、いろいろな方にお会いさせていただき、貴重な経験をしました。自分のペースで仕事ができて、自分がリーダーであり、自分が部下でもあるこのスタイル。「これが、私の働き方だ」と型にはまった気がしました。

次々といろいろなオファーを頂く中で、働いていた地域の役所から「通訳という職種を役所の業務の職種に追加しますので、ぜひ役所で働きませんか？」と。日本語講習の契約期間も決まっていたので、これはまた良いタイミングでオファーを頂いて臨時公務員になりました。在日外国人とのコミュニケーションに取り組む社会になってきたなと実感しました。とても居心地がよく、自分の居場所、自分に合った働き方を見つけました。

しばらくすると、日本語講習でお世話になった千葉県警の方が訪問され、この地域の警察署の協議員になりませんか？とオファーを受けました。期間は2年間でしたが、通訳として、この地域に住む外国籍の方の何かに役立てば良いなという気持ちと、二度とこんな経験はできないだろうという気持ち、いろいろな方から認められた気がして、快く受けました。


私生活では、妊娠生活は順調にいっていましたが、夫婦仲は最悪でした。独身女性として十分楽しい生活を送り、いっぱい遊んで、やりたかったこと、経験してみたかったことはすべてやってきて、落ち着く時期がきたのかなあと勘違いをし、人生で二つ目の大きい壁にぶつかったようです。私は、ピンチになる時、直観が働く人なのですが、この時ばかりはその直感を無視してしまいました。広いようで狭いのが視野。やはりパートナーというのはちゃんと選ぶべし。出産したら一人になる覚悟をしていました。

妊娠8か月の時、関東大震災の被害に遭い、住んでいた部屋は水漏れしていて戻れない状況になってしまいました。避難しましたが、復旧の目途がたちません。思い切って、母の母国で出産を決めました。

アメリカ経由で渡航し、ニューヨーク到着後、体調が悪くなり、診察で担当になった医師から意外な報告。「子宮が開いているため、飛行機には乗れません。ベイビーはアメリカで生まれます」と言われ、なぜか恐怖を感じない自分に恐怖を感じた瞬間でした。「母は強くないと」と自分に言い聞かせて、数週間後、大雨の真夜中に無事女の子を出産。出産後は、母の元で数か月お世話になって、アメリカ国籍の娘と帰国。役所に戻り、通常の生活へ。年子で二人目妊娠は予想外な事で、この時から離婚の手続きを開始。無理なものは、無理です。今思えば、子供を授かるためのパートナーだったのかもしれません。

早いようで遅いのが決断です。二人目の女の子を出産し、仕事では、シングルマザーである私に、いろいろと気を使っていただきながら仕事と子育てに励んでいました。

そんなある日、お客さんとして何度か通訳や翻訳の依頼を受けた日系ブラジル人の男性が訪ねてきて、「建設業で親方として数年働いていて、そろそろ独立をしたいけど、事務的な言葉の壁がある上に、事務作業や経理などを両立するのは難しい。付き人はほぼ外国人で、日本語だけの対応は難しいので、事務員になりませんか?」とオファーを受けました。

シングルであった私は、娘たちに今後、不自由ない生活をさせたい思いと、子供がいる以上、軽々しく転職はできないので、ダブルワークとして引き受けることにしたのです。

何度も負けて、失敗した人だけが強くなれる

建設業界の事務員は楽な仕事ではなく、専門用語を覚えたり、安全衛生会議に出席したり、従業員の管理とかなりハード。会議は現場作業後、夜の時間帯に行われることが多く、子供を知人に預けながら大変な日々。従業員の管理も多国籍に多文化で、対応に困りました。でも、決められた行事以外は、わりと自由に作業ができる仕事だったため、シングルマザーには最適な環境でした。

ある日、どの母も経験したことがあるであろう、子供が同時に病気になり、数日間仕事を休むことに。建設事務のほうは理解してくれましたが、意外だったのは役所の方でした。当初からいた部長が異動になり、新しく入ってきた部長とは、まだそんなに親しくなかったのですが、女性の方だったので喜んでいました。

しかし、休んでいた時に一本の電話が。「シングルで事情はわかりますが、この事務所に通訳がいないと意味がなくなります。働く日数を減らして、他の通訳を追加で雇う予定です」これを聞いたとき、あなたはいつまでも必要不可欠な存在ではないと言われている

ようで、あまりにも残酷でした。低いようで高いのがプライド、私の回答は、「わかりました。迷惑をかけたくないので、私の代わりが見つかるまで勤務します」と。4か国語が話せる通訳を探してみろ、といった気持ちで、たった3日間の休業でこんな展開に。

代わりが見つかるまで半年もかかりました。しかも、代わりは1人ではなく、3人で交代制。私の代役は一人では務まらなかったかとスカッとした気持ちで、自信に満ちて、4年間働いた役所を退任。建設業一本になってしまいました。子育て支援には程遠い社会にぶつかりました。

親方は気前が良く、器の大きい人。その結果、借金だらけでした。ただ、すごくポジティブ思考で、何事もうまくいく気しかしない雰囲気あふれる人で、仕事をしているうちに、交際へと進展しました。2歳未満の子供2人の子育てをしているなか、パートナーを作る予定はありませんでしたが、「私生活での転機が現れたのかな」と、今度こそ直観を信じて心を開きました。

建設業界では、この頃、海外技能実習生制度が始まっていて、私たちも海外の人出を受け入れるために手続きをする準備を始めました。このために法人化にし、役割柄、私が表に出ることが多くなり、会社設立時から役員になりました。正直、手続き的な感じにしか思っていなくて、この立場をあまり気にしていませんでした。しかし数か月後、経理の管理を始めたことから、協議をした結果、代表取締役に就任。責任が重くなってきました。

男社会の建設業、会議に出れば、親方の代理的存在としか見られない。忘年会に行けば、親方の付き添い的な存在にしか見られない。代表として見てもらえない世界。目の前で笑われたこともあります。

一方、裏では1人で5役をこなす日々。経理、一般事務、通訳、行政書士がやる書類の作成、コスト削減のため、会社の確定申告関係も税理士がやることをこなす。表に出れば、価値がないかのように、笑われて、見下されて、しまいにはスナックのお姉ちゃん的な扱いをされる。なんのために私は頑張っているのだろうと思う日々。どんなに努力をしても認められない世界。何度も投げ捨てようとしました。

社内ではベトナムの海外実習生を雇うことにしたこともあり、何度かベトナムへ出張。観光もできないくらいショートな滞在予定。子育てに仕事の両立、ストレスがたまりすぎて、顔半分が麻痺になったこともあります。

私生活では、年の差17歳の親方と籍を入れることに。夫婦生活は、順調な時もあれば、荒れる時もありました。私生活でぶつかることはありませんでしたが、ビジネスパートナーとしては二人三脚で頑張る時もあれば、金銭面の価値観の違いもあり、相変わらず従業員に気が優しい夫、借金が減らない。先が見えない状況。何度も自分に聞きました、

「なんで？　なんでそんなに頑張るの？」

強くなるためには、それ相応の挫折が必要。たくさん負けて、失敗した人だけが強くなれる。「ここまで来たら、やるしかない、後戻りなんかしない。するもんか」

何かがあるからこそ、私はこの立ち位置にいる。偶然なんかない。知恵がたくさんある自分、知恵のある者は知恵を出せば良い、知恵のない者は汗を出せば良い。

自分がどの道を選ぶかは、自分次第。


経営上の嵐はいつか落ち着き始め、私は徐々に古びた不動産を購入していきました。借金の返済と並行してコツコツ貯めながら、従業員の技術を利用し（知恵を出す）、自社でリノベーションして従業員に住んでもらい、雑収入を作りました。小さいですが、南房総の海の近くに別荘を購入。ボロボロの物件でしたが、自社でリノベーション。稼ぐことだけでなく、楽しむことも大事だと思います。長いようで短いのが人生です。

マイナスを消せば、叶う

私はここにいるために、そしてその先にある、私のためにある何かを導くために頑張る。失敗や負けることも楽しめたらいい人生。

それは、今よりきっといいことでしょう。頑張ることは、大事なことです。

しかし、バランスをとることが一番大事。一つの事だけには集中できません。子供がいれば、子育ても大事。そして何より自分が大事です。見返りなんか求めない。自分のために突き進むものです。自分が自分を受け入れなければ、社会も家族も誰もあなたを見ないでしょう。

お金は働いて稼ぐものではありません。頭で（考えて）稼ぐ、働いて稼げれば、8時から5時まで働いている人は皆、お金持ちではないでしょうか。でも、そうではないのです。

好きな名言があります。

誰もが口からマイナスなこともプラスなことも吐く。だから、【吐】という字は、「口」と「十」と「一」でできている。マイナスなことを言わなくなると、「一」が消えて、【叶】という字になる。

まずは、自分のペースで前へ前へと進むのです。失敗したっていい。マイナスなことしか考えない人が文句を言っている間に、叶う未来へと進むべきです。行動するべきです。

私だって、この型にはまるとは思いませんでした。苦労した結果、考えもしなかった自分を知り、物を得て、何より経験を得ました。


こんな忙しい日々のなか、まだまだやりたいことはたくさんあります。個人事業として通訳や翻訳をし、建設会社の代表をこなし、今度は別荘を利用してビーチ&貸別荘ウェディングフォト事業を計画中です。別荘も年がら年中利用するわけではないため、維持費稼ぎ程度に新しい事業に取り組みたいと思っています。うまくいくかは、わかりませんが、計画を立てたり、準備への打ち合わせをしたりしている自分が活き活きしていて楽しいです。10代に突入した娘たちも巻き込んで計画進行中です。

好きを仕事にするのは、とても難しいかもしれません。だけど、今ある状況を自分の知恵を利用して、好きに変えることはできると思います。待っていては、舞い降りてはきません。行動しなければ、何も現れない。

運は引き寄せるもの、待つものではないのです。

あなたへのメッセージ

今ある状況を自分の知恵を利用して、

好きに変えることはできる。

失敗したっていい。

まずは、自分のペースで

前へ前へと進みましょう！

嘉村美さんへのお問合わせはコチラ

「早起き」が仕事になり、理想のライフスタイルに！好き・得意を仕事にするまでのプロセス

朝活習慣化アドバイザー／電子書籍出版プロデューサー

北野三保子

SUN Edutainment 代表

1990年、群馬県生まれ。二児の母。世界20都市をまわり、ミュージカル公演やホームステイをした経験を活かし、ミュージカル演出家や国際理解の教育事業に携わる。その後、妊娠・出産を機に始めた朝活とブログの継続をプログラム化し、独立・起業。チームで挑戦する初心者のための出版プログラムを運営し、50名以上の著者デビューを支援。経営者専門出版プロデューサーとして、出版ブランディングサポートも行う。

03:50　モーニングルーティン
05:00　作業集中タイム
06:40　朝のトレーニングライブ配信
08:30　子どもたちを保育園と幼稚園に送る
09:00　自宅で仕事集中タイム
13:30　読書、散歩、会議など
17:00　子どもたちと遊ぶ、ご飯とお風呂準備
19:30　お風呂、家族全員で夕食
21:00　絵本の読み聞かせして子どもたちと一緒に就寝

すべての始まりは、早起きから

私は2018年に第一子を、2020年に第二子を出産した、32歳の二児の母です。某NPO法人の事務局スタッフとして、表現教育・国際理解などをキーワードにしたプログラムを手掛けていましたが、二度の妊娠と出産を経て、退職に至りました。

そして現在は個人事業主として独立し、子育てをしながらもかなり自由度の高い働き方をしています。事業のテーマは【朝活・出版】の2つ。ここから4つの章にわたって、なぜこのテーマで私が独立・起業をするに至ったかというストーリーをお伝えしながら、これから自分で事業や副業などにチャレンジしたいと思う女性のみなさまに向けたメッセージをお届けしていきます。

まずは、一つ目の事業テーマである【朝活】について。

2018年に第一子を出産したあとに一番のストレスだったのは、家事でもなく、育児でもなく、自分ひとりの時間を作れないことでした。新生児期を乗り越えたあとの数か月間は、夜の9時頃に子どもの寝かしつけを済ませ、そのあとに何とか自由時間を作るという生活。

しかし、その貴重な自由時間の質は悲惨なものでした。

例えば、スマホやテレビをだらだらと観てしまったり、本を読むぞ！　と意気込んでも、すぐに眠くなって数ページしか進まなかったり、お酒を飲んでソファで寝落ちしたり……。「せっかくの自由時間、こんな風に過ごすのはもったいない！」と痛感し、自由時間を夜ではなく朝に変えることを決意。これが、朝活を本格的に始めるきっかけになりました。始めの頃は7時半頃に起きる普通の生活でしたが、朝活を続けていくうちに起床時間が7時、6時半……と徐々に早くなっていくことに。そして現在は、平日休日関係なく毎朝4時頃に起きるという、超早起きスタイルを送っています。

ではなぜ、起床時間がどんどん早くなり、超早起きな生活を続けられたのかというと、全身全霊で朝活の大きな魅力と効果に気付いてしまったからです！　朝の質が変わると、一日の質が大きく変わる。つまり、朝が変われば人生そのものが変わるということを、体感として感じてしまったのです。

具体的にいうと、朝早く起きて自分の時間をたっぷりと作ることで、自分と静かに向き合う機会が圧倒的に増えました。その結果、自分の思考や健康、人間関係など、あらゆる面でいろいろなことがうまくいくようになったのです。

早起きの習慣化がもたらす確実な良い変化を実感するようになると、「これは、私だけの体験で留めておいてはもったいない！」と考えるようになり、noteというプラットフォームを使って朝活に関するブログをスタート。中途半端な始め方だときっと途中で挫折するだろうと思い、ブログを始めた初日から「朝活習慣化アドバイザー」と名乗り、プロ意識を持ってスタートさせました。そのブログは、どんな忙しくても継続、継続、継続！　第二子出産の次の日もベッドに横たわりながら必死に書きました。そして、なんと650日間、ほぼ毎日継続することができました。

こうやって約2年間ずっと文章を書き続けたことがきっかけで、「本を出してみたい」という想いが強くなり、これが事業テーマの2つめである【出版】につながっていくのでした。自分が価値を感じたことを実践し、アウトプットする。この頃はただただ必死にブログを書くということを繰り返していただけでしたが、「あなたのブログをきっかけに朝活を始めてみたよ」「この前ブログで紹介していた○○、すごくよかった」というような読者からのうれしい感想が少しずつ増えていきました。

世の中に自分の言葉を発信していくことで誰かが少しでも豊かになってくれるという世界観がある。この気付きが、のちの起業にも大きく影響を与えていきます。

朝活と出版が仕事になった！

朝活の魅力に気付いてからは、さまざまな早起き方法や朝活を試し、ブログやYouTubeでのアウトプットを継続。その結果、早起きや朝活、習慣化に関する知識や経験がかなり積み重なっていきました。

そんな矢先に起こった、2020年の新型コロナウイルスのパンデミック。

「在宅ワークになったので、朝だらだらしてしまう……」「生活リズムが崩れてしまい、なんとなく調子が悪い……」という声をSNSや友人との会話からたくさん聞きました。

もしかしたら、私のこの朝活習慣化の知識や経験が多くの人の役に立つのではないか？ その気付きを何とか形にしたいと考え、オリジナルの朝活習慣化プログラムである『めざまし道場』を立ち上げました。

『めざまし道場』とは、毎朝6時台からオンライン上で集まり、約30分間を使ってストレッチ、さまざまなワーク、少人数トークなどをすることで、頭・心・体を元気に目覚めさせるチーム型の朝活プログラムです。約2週間続けて参加をすることが必須のため、ほどよい強制力を活かして早起きを楽しく習慣化できるように設計しています。

アイディアが思いついた勢いのままSNSで告知すると、なんと初回から20名近くの方々が参加してくれました。そこから数週間、数か月とずっと継続していくなかで、「『めざまし道場』のおかげで早起きが習慣になった」「朝の時間が楽しくなった」「朝活の魅力を体感できた」という嬉しい言葉をたくさんいただけるようになりました。

その後は、私以外にもプログラムを運営できるファシリテーター（進行役）を増やし、英語・瞑想・エクササイズ・副業などのさまざまなジャンルの朝活プログラムを有料で展開。ほぼ毎日のように提供した結果、気付けばプログラムや主催した朝活企画の参加者はのべ1000名に達しました。

また、このプログラムを運営する傍ら、朝活に関するブログの更新もコツコツと継続。大手カード会社様のオウンドメディアで朝活の記事の監修をさせていただいたり、ライフスタイル器具メーカー様のカタログで朝活についてのコメントを寄稿させていただいたりと、文章を通して人に価値を提供する喜びや楽しさを感じるチャンスにも恵まれました。

自分が大きな価値を感じ、得意で好きだと感じることで、仲間を増やし、お金をいただく。そのプロセスってこんなにワクワクして楽しいことなんだ！という貴重な気付きを得ることができました。

朝型の生活を思い切り楽しむこと、朝活を継続すること、文章にして人に伝えること。これらは私の人生にとって欠かせないものです。お金がもらえなくても、誰に何を言われようとも、好きだからやっちゃう。だから、ムリにがんばらなくても、勝手に続けることができるのです。「好き・得意」を仕事にしていくと、モチベーションのアップダウンで悩むことはほぼなくなります。だって、楽しくてずっと続けられるから。

起業でも副業でも、単に「儲かるから」「今流行っているから」という理由だけでは、モチベーションをキープするのはとても大変です。もちろんビジネスをやっていく以上、収益を生んでいくことを常に念頭に置く必要はあるものの、「もしお金がもらえなくてもずっとやりたいことか?」という問いを自分にしていくことで、自分の軸を通しながら仕事を作っていくことができます。

このような流れで、最初は自分ひとりでやっていた朝活を、仲間を巻き込みながらお金に換えていくことで、のちの独立に必要な自信とスキルの基礎を築くことできました。

その後、ブログの継続の経験を元にオンライン講師業を始め、そのノウハウをまとめて電子書籍化。2冊の本を自分で0から出版することができました。そして、その過程で得た出版のノウハウを再現性のあるプログラムとしてリリースし、約2か月で初心者が電子書籍を出版できる『TEAM PUBLISH program』を立ち上げました。

朝活の継続→ブログとYouTubeでのアウトプットの継続→プログラムの構築と有料コンテンツ提供の継続→講師として教えることの継続→出版プログラムの構築と事業継続……というような流れで、1つの小さなチャレンジを継続することで新たな実績につながり、それが自分の可能性を広げるきっかけになる。徐々にレベルアップしていく成長のスパイラルがとにかく楽しいと感じるようになりました。こうやって、小さなアクションと小さな成功体験を短期間で一気に繰り返すことで、ブレない自信が築かれていったのです。

その結果、「組織に頼ることなく、自分の力だけで事業を作り、お金を生み出してみたい」という自分の心に素直に耳を傾けることで、独立を決意。当時、子どもは3歳と1歳。バタバタ&エキサイティングな子育てと起業の両立生活がスタートしたのでした。


最初から大きなことをしようとするのではなく、まずは小さいことをコツコツと楽しくやっていく。私の場合は、ただ自分の時間を作りたいがためのプチ早起きからのスタートでした。それがまさか起業にまでつながるなんて！　好きなことの継続は、人生の可能性をどんどん広げていってくれるということを学ぶことができた時期でした。

理想のライフスタイルと働き方

さて、この章では、小さい子どもを育てているママという立場で、なぜわざわざ起業という道を選んだのか？　というお話を通して、メッセージをお伝えできればと思います。

結論からいうと、起業が一番自分のわがままを叶えられる方法だったからです。

『時間・空間・お金・心の４つの余裕を同時に持つこと』。私はこの余裕のバランスをとても大事にするようにしています。具体的にいうと、

◆時間の余裕

やりたいと思った瞬間に行動を起こせる、いつ何をするかを自分でコントロールできる

◆空間の余裕

最低限の物で豊かに暮らし、部屋がスッキリした状態が保たれている

◆お金の余裕

高い価値を感じたら自由に買うことができる

◆心の余裕

ストレスが少なく、幸福感が高いため、前向きな思考や言葉が自然と出てくる

この4つは個々が独立しているものではなく、相関関係がとても強いジャンルです。例えば時間の余裕がないと部屋の片づけをする余裕がなく、どんどん物が散乱して空間の余裕がなくなっていく。そうすると気が休まらずイライラして、暴飲暴食やムダな消費に走りお金の余裕もなくなり、その現状に不安を感じて心の余裕がなくなっていく……。このように、1つでも崩れていると、別のジャンルのことも崩れていってしまいます。

私は起業をすることで、この4つの余裕のバランスを最大限に高められると確信しました。人生を形作るのは仕事だけではありません。就業時間や収入額以外にもしっかり目を向けて、働くことを含めた理想のライフスタイル全体から逆算して構築していくことが、より幸福度の高い人生になるのではないかと本気で考えています。

時間・空間・お金・心。この4つの余裕を実現できる生き方こそが、少なくとも今の私にとっての理想のライフスタイル。起業以外、実現できる方法は見つかりませんでした。

そもそも結構よくばりなタイプでもあるので、もし選択肢が2つある場合、どちらを選ぶかを考えるよりも、両方を得られる新しい選択肢を作り出せないか？　ということを最初に考えるクセがあります。【A or B】ではなく、【A＋B＝C】を選んでいくイメージです。

世の中のママたちを見ていると、【正社員 or パート・アルバイト or 専業主婦】という3

択の中から選ぼうとしている人がとても多いように感じます。

しかし、こんなに働くことの自由度が高められた今、選択肢は3択どころか無限にあります。スマホやパソコンさえあれば、さまざまな便利なツールやサービス、大量の情報を利用できるわけですから、それらを柔軟に組み合わせれば、オリジナルの選択肢を生み出すこともそこまで難しくありません。新しい選択肢を選ぶためには、少しの時間と勇気が必要ですが、理想のライフスタイルが明確になってさえいれば、それを手に入れたい！という気持ちが強い原動力になり、周囲の目を気にせずに突き進んでいけるはずです。

私も子育てをしているので毎日ひしひしと感じていますが、子育てには多大な時間とエネルギーを要します。仕事と違ってお金が発生するわけではないし、育児をしているというだけで世の中に認められるチャンスはそう多くありません。

だからこそ起業を選んだのです。自分の自由時間、子どもとの時間、仕事の時間、自分で自由に使えるお金、社会との接点……よくばって良いじゃないか！自分で責任を取るから、全部手に入れてやろうじゃないか！　この野心のようなものに常に突き動かされてきました。何かを諦めることや我慢を前提にするのではなく、すべてを実現できる選択肢を新しく作ってやろうという風に、もっと欲深く生きてもいいと強く思うのです。

人生は、狩りだ！

私の人生のモットーのひとつに、「人生は、狩りだ」というものがあります。ライオンの狩りのイメージですね（笑）。自分が得たい獲物にしっかり狙いを定め、ベストなタイミングで一気につかみにいく。なかなか獲物が現れない時は、しっかり体を休めたり、爪を研いだりなど、準備に時間を使う。

とりわけ、勇気、瞬発力、準備力、自信、忍耐力などが必要になる起業においては、この狩りに行く感覚がとても大切だと考えています。毎日を狩りだと思って生きると日々の生活にメリハリがつき、ワクワクし、気持ちよく前向きに過ごすことができます。そして、自分が得たい獲物に常にフォーカスしているので、望む結果も出しやすくなります。

あなたの人生が狩りだとしたら、今得たい獲物はなんですか？　使える道具や技はなんですか？　それらを日々コツコツ磨いていますか？　ぜひ問いかけてみてください。

これまでの文章から、私に対してポジティブな人だなという印象を持っていただいたかもしれません。それは間違ってはいませんが、うまくいったこと以上に、大変だったこと、怖かったこと、勇気を何とか振り絞ったこともたくさんありました。けれどその都度、目の前の「狩り」、すなわち挑戦に必死に取り組んできました。そして、その大変だった過程を支えてくれたのが、「自分との小さな約束を守り続ける」という行動です。

毎朝4時に起きると決めたら、起きる。朝活でこれをやると決めたら、やる。今日ここまで終わらせると決めたら、やり遂げる。たったこれだけのことを愚直にやってきただけなのです。過去に何か大きなチャレンジを成し遂げたから自信がついて起業ができたのではなく、毎日の小さな作業やちょっとした時間の使い方で自分が決めたルールを貫いてきたという小さな積み重ねがあったからこそ、起業というチャレンジを夢物語で終わらせずに実現させることができたのだと思っています。

毎日コツコツじっくりと準備しているからこそ、大きな獲物が目の前に現れたときに、瞬間的にガッと大きく行動してチャンスをものにできる。やはり、起業も、人生そのものも、狩りの意識を持つことでより楽しく、刺激的になっていきます。

個人事業主となり完全独立をした今、収入が安定することはなくプレッシャーもあります。しかし、アイディアと努力次第で収入の上限は青天井です。このリスクを危ないと捉えるか、可能性が広がる成長のチャンスと捉えるかで、結果は大きく変わっていくでしょう。一方で、すべてのタスク、時間、お金、健康、メンタルなどの管理を自分で行う必要があります。なので、自分との小さな約束さえ守れないとなると、事業や生活がうまく回らなくなる可能性も出てきます。自由と責任はセットで引き受けるものですから。自分らしく狩りをしていくための基礎として、自分との約束を守り続ける力は欠かせないのです。

この本には、自分で道を切り開いてきた女性たちの濃厚なストーリーが描かれています。その中から良きロールモデルを見つけていくことは非常に大切です。

しかし忘れてはいけないのは、あなたは他の誰かには決してなれないということ、今あなたが持っている武器で狩りに挑む他ありません。

世の中にはこんな女性がいるんだ、こんな生き方や考え方があるんだ、ということを知るためだけにこの本を活かすのではなく、読んだ今この瞬間から、何か小さなことでいいので「これをやってみよう」と自分と約束をしてみてください。その一歩が、思いもよらぬ大きなチャレンジにきっとつながっていくと信じています。

変化の大きい大変な時代だからこそ、これからも自分らしく生きるため、そして最愛の子どもたちにたくましく生きる母親の背中を見せるために挑み続けます。誰かのために全力を尽くせるのが、女性のすばらしさのひとつです。

可能性を諦めずに、どんどんチャレンジしていきましょう。

人生は、狩りだから！

あなたへのメッセージ

「自分との小さな約束を守り続ける」ことで、

どんな夢でも必ず叶う！

北野三保子さんへのお問合わせはコチラ ――

「いつかこうなりたい」という思いを持ち続けたことで実現した理想の「生き方」 ドバイへ移住し、自由な生活を手に入れるまでのライフストーリー

オンラインスクール運営／コンテンツプロデューサー
／オンラインビジネスコンサルタント

香内真理子

アイラ株式会社 代表取締役

1980年生まれ、埼玉県出身。2007年にマカオへ移住。2年後、フィリピンマニラへ移住し、英語留学の傍ら現地の不動産会社でコーディネーターとして働く。その後、世界各地40カ国以上を旅行する。2014年に帰国。2017年、インターネットマーケティングと出会い、翌年、アイラ株式会社創業。現在のパートナーとお付き合いを始め、共にビジネスを始める。2020年にフィリピンセブ島で男児を出産、書籍出版、オンラインスクール事業開始。2021年、家族でドバイへ移住。現在は、オンラインで事業を行いながら、自由な生活を送っている。

05:30　起床　LINEの返信などの仕事
06:45　息子起床　朝食、着替え、ナーサリー準備
07:40　自宅を出る、息子ナーサリー送り
09:00　仕事、zoomで打ち合わせなど
11:00　主人起床 朝食の準備
12:00　ナニーが来る（食器洗い、部屋掃除などの家事）
13:00　仕事したり、友人とカフェへ行ったり、ヘアサロンに行ったり
14:30　ナニーが息子のナーサリー迎えに行った後、公園で遊ばせてもらう
17:30　息子の夕食支度
18:00　主人と私で夕食に出かける
18:30　ナニーが息子に夕食をあげ、お風呂に入れる
21:00　息子就寝
21:20　主人と私帰宅
21:30　ナニー仕事終了　帰宅
22:00　就寝
※ナーサリー（保育園）、ナニー（子守兼メイド）

主人と息子とドバイでの自由な生活

私は現在、会社を経営しながら、アラブ首長国連邦のドバイに主人と2歳の息子と住み、とても自由な生活を送っています。どのくらい自由なのかといいますと、

・オフィス無し
・店舗無し
・通勤無し
・タイムカード無し
・待機時間、客待ち無し
・上司無し
・部下無し
・同僚無し
・在庫無し
・家事無し
・育児無し

という、とんでもない自由度です。どうやってこのような自由な働き方や暮らし方を手に入れることができたのか、お話していきたいと思います。

■英語をマスターしたいと思っていた10代

高校時代は友達の家に毎晩集まって麻雀にハマり、学校は毎日遅刻&居眠りばかりでテストはろくな点数が取れず学年最下位。2年生から3年生に進級できず、定時制高校に転校しました。

学校での勉強というものに全く意味が見出せず興味もなかったのですが、なぜか英語は話せるようになりたいと思っていました。小さい頃、「世界不思議発見!」というテレビ番組に登場する、海外のいろいろな国に行き、その街を紹介しながらクイズを出す女性を見て、「私もこんな風に、世界のいろんなところに行ってみたいな」と感じていました。

歌手を目指してボーカルスクールに通っていた頃は、洋楽のCDをたくさん買い、歌詞カードを見て曲を聴きながら英語の歌をマスターしようと一生懸命練習していました。

そして18歳の頃、ボーカルスクールが主催する「ニューヨークで自分の作った曲をレコーディングする」というツアーに参加することになり、それが人生初めての海外旅行となりました。

それまで「外国人」というのは、例えば「血が緑色」とかで、日本人（人間）とは「全く違う生き物」だと本気で思っていたのですが、ニューヨークで初めて外国人に触れ、「今日は天気がいいね」とか、「このピザ美味しいね」とか、肌の色、目の色や体格は違えど、考えることはみんな同じなんだ、ということに気がつき、それならばどこでも生きていけるじゃんと、ますます海外に行きたいと思うようになっていきました。

■タクシー代で生活していた港区女子時代

3歳の頃からピアノを習い、小中学校では吹奏楽部に所属していた流れと高校時代オーディション番組が流行っていたこともあり、いつしか歌手やアイドルになりたいと思うようになっていました。高校時代はオーディションを受けたり、読者モデルとして活動したり、歌やダンスのレッスンのため、地元の埼玉と東京を行き来していました。

そして、定時制高校を卒業後、20歳で上京することにしました。埼玉から上京というと、「隣だから上京じゃないじゃん」と思われそうですが、当時は「成功するまで何があっても帰らない！」と、気合が入っていました。

「どこまで成功するか、まずは一番下から始めよう」ということで、市ヶ谷で見つけた一軒家2階の一室を借りました。家賃4万円。トイレと洗濯機が共同で、お風呂はなかったので近くの銭湯かスポーツジムに毎日通って、運動がてらシャワーを浴びていました。

ただ、読者モデルやイベントコンパニオンなどだけでは稼ぎが足りません。宣材写真費用や、オーディション会場などへの交通費、レッスン費用が嵩みます。モデル事務所のスタッフから「ここでアルバイトして人生経験積んでみては」と言われ、歌舞伎町のキャバクラを紹介され、働くことにしました。

そこでいろいろなお客さんと知り合い、お店以外でも遊びに連れて行ってもらうようになると、そのうち西麻布や六本木に連れて行ってもらうようになり、気づけば芸能活動より夜遊びのほうが楽しくて、毎日誰かと朝まで飲み歩く日々を送るようになっていました。

周りにいる大人はみんなお金持ちで、一緒にお酒を飲んでいて「そろそろ帰るね」というと「はい、タクシー代ね」といって1万円くれました。そんな人達を1日に何件も「ハシゴ」して、タクシー代で生活するという、今でいういわゆる「港区女子」的な生活を送っていました。

遂に念願の海外生活スタート！

恵比寿に住んで、西麻布や六本木界隈で毎晩飲み歩く楽しい日々も、少しずつ年齢を重ね、25、26歳になるにつれて「このままでいいのか？」と思うようになっていきました。このままいったら、誰かの愛人として囲われて生きるか、誰かと結婚して、自由が丘あたりを犬やベビーカーを押して暮らすようになるのか……。

「そんなの嫌だ。ここから抜け出すには最後のチャンスと思って、今この独身のうちに海外に行くしかない！」

そんな風に思って、「海外へ行きたい」といろいろな人に話をしてみたところ、「マカオでカジノ関係の仕事をしている人がいるから紹介するよ」ということで、マカオへ会いに行き、そのままその方の会社で働くことになりました。27歳の時のことです。

マカオへの移住は、その後の私の人生においても大きな転機となりました。自分が「こうなりたい！」という目標が見つかったらまずは身近な人、友人や先輩などに思いを発信することが大事だと思います。もし反対されたり、笑われたりしても気にせず、自分の思いをいろんな人に話してみましょう。人に話すことで、自分にも暗示をかけるような状態にすると、自分の心の中でも「絶対に叶えてみせるぞ！」と決意をして実際に目的に向かって行動するようになっていきます。

その後リーマンショックがきてマカオは引き上げたのですが、英語を本格的に勉強しようと思いフィリピンへ移住しました。マニラの語学学校宿舎に滞在しながら1日6時間、週5日、先生と1対1の授業を1年間行い、英語力を身につけていきました。

■お金持ちの彼と出会い、世界旅行するも……

マニラで知人が立ち上げた不動産会社のお手伝いをしていたのですが、その会社の社長が住んでいるシンガポールへ遊びに行った時に社長のご友人という方と仲良くなり、その方から「一緒にビジネスをしないか」とお誘いを受けビジネスを始めたのですが、やがてプライベートでもお付き合いをすることになりました。

彼がどんな事業で成功していたのか、なぜお金持ちだったのかはよくわからないのですが、とにかく彼とは世界中を一緒に旅しました。

オフショアと呼ばれる法人税や所得税のない国、セイシェルやパナマ。ワインや食べ物の美味しいフランスやギリシャ、オーストラリアやニュージーランド。マンガ社長島耕作の作中に登場したイグアスの滝を見るため南米アルゼンチン、ブラジルを訪問したり、F1観戦のためにモナコや上海へ行ったり。ケニアやモロッコ、モーリシャスなどのアフリカ大陸へも足を運びました。

彼とはマカオで一緒に住んでいたのですが、「僕が仕事から帰ってきた時に真理子が家にいないのは嫌だ」という理由で、私が他の仕事をするのを嫌がっていました。なので、家賃や「お給料」という名の「生活費」をもらいながら、ほとんど仕事はせず、彼と毎日ホテルで食事をしたり、次の旅行へ出かけるためのリサーチをしたりというのがもっぱらの日常でした。

私は当然、彼と結婚したいとお付き合い当初から思っていたのですが、彼は既婚者だったのです。シンガポールに奥様とお子様がいる身で、私とずっと一緒に暮らしていました。

結婚の話を切り出すと、いつも喧嘩になり、私は仕事をして自身のキャリアを築くことも、彼の妻として振る舞うこともできず、付き合い始めてから2年経つ頃には、これからどうしていけばよいのだろうかと自問自答しながら葛藤する日々でした。

■帰国後、自分には何ができるのか、もがく日々

彼とお付き合いして4年経った頃、住んでいた家の賃貸契約更新の時期になり、私はとうとう自ら彼に別れを切り出し、賃貸契約の更新をせず、7年間の海外生活に終止符を打ち帰国しました。


帰国時34歳。私は疲れ切っていました。

世界中を旅行し、いろいろな経験や楽しい思い出がいっぱいのやり尽くした感。

一方で、仕事のキャリアもなければ貯金もない。

帰国したはいいが、何をやりたいかもよくわかりませんでした。

知り合いが経営していたガールズバーで少し働かせてもらったりもしましたが、日本を離れ過ぎていて自分ではお客さんを呼べず。今までしたことのなかった「就活」をしてみるも、「毎日電車に乗って出勤できるんですか？」と聞かれる始末。

さまざまな異業種交流会やセミナーに参加して話をすると、「海外のこともっといろいろ聞かせて！」と言われ、私が一方的にしゃべって終わり……。

本当にどうしたらいいのかわからず、途方に暮れ、そして次第に家に引きこもるようになっていきました。

インターネットビジネスとの出会い

友人が主催していた海外旅行に気分転換で参加してみたところ、そこで知り合った人に「真理子にぴったりな経営者塾があるから紹介するよ」とお誘いを受け、すがる思いで参加することにしました。37歳の時です。

その経営者塾は参加者が350人以上いたのですが、皆さんおしゃれで、健康的で、若い方もバリバリ稼いでプライベートも充実していて凄いなと思いました。私はとにかくキラキラ眩しい先輩方についていこうと、少しでも一緒の時間を過ごすように努めました。昔だったら「奢ってもらう」のが当たり前だった1人数万円するような高級レストランにも自腹でついて行って、少しでも成功者の考え方を吸収しようとしました。

なぜなら、成功している人と一緒の時間を過ごすことで、その人がなぜ成功したのか、お金の稼ぎ方や豊かな人生を手に入れるための考え方などを聞くことができるからです。経営者塾のセミナーが地方で開催される時には、夜行バスで移動したり、ゲストハウスなどの安い宿泊施設に泊まって出費を抑え、浮いたお金を高級レストランなどの費用に充てていました。

その後、経営者塾で知り合った方が主催していた「インターネットビジネス塾」というものに参加し、そこで初めてアフィリエイトというものを知ったり、自分でセミナーを主催してみたり、今までは自分の旅行日記のようなものをSNSに上げているだけだったのが、「インターネットを使ってオンラインでビジネスができるんだ」ということを徐々に理解していきました。

ただ、自分には人様に自慢できるような特技もスキルもないし、何をオンライン上で販売すればよいのだろうかと、また壁にぶつかってしまいました。

■パートナーとの出会い。二人三脚でビジネス開始

ある日、経営者塾仲間が主催するバーベキューパーティーに来ていた16歳年下の大学生の男の子と仲良くなり、最初は可愛い後輩と思って何度か食事をしていたのですが、やがて真剣にお付き合いをすることになりました。

彼は出会った当時、大学生ながら投資で稼いでいて、決して安くない大学の学費も投資で得た利益から払っていると言っていて凄いなと思いました。

そして彼は、オンラインサロンや投資スクールをやりたいと思っているのだけど、いい人に恵まれずまだ実現できていないと言うのです。

「じゃあ、それなら私と一緒にやろう！」

ということで、私はこれまで勉強してきたインターネットビジネスの基本的な知識や、今までに培ってきた人脈を総動員し、どうにかして彼を投資の先生として認知拡大できないかと奔走しました。

とあるインフルエンサーさんが全国各地で主催するセミナーに同行し登壇させていただいたり、投資系雑誌にコラムを掲載させていただいたり、本を出版させていただいたりしながら徐々に認知拡大すると、少しずつお客様が増えていきました。

そして２０２０年に入ると、新型コロナウィルスの影響が広がり、全国各地でセミナーを開催することができなくなってしまったため、リアルセミナーからＺｏｏｍを使ったオンラインセミナーという形へ切り替えていきました。

■出産、ビジネスを軌道に乗せドバイへ移住

２０２０年4月に息子を出産すると、「いずれ子供は海外で育てたい」と、再度海外熱が沸々と湧いてきました。7年間の海外生活から日本に帰国後も、日本の生活習慣や教育環境にはずっと違和感を感じていたのです。

恵比寿に住んでいた頃、先輩がご子女を「インターナショナルスクールに入れている」

というので詳しく聞いてみると、先生は外国人のネイティブ英語スピーカーだけど、生徒はほぼ全員日本人。これのどこが「インターナショナルなの?」と思ってしまいました。

これからの時代はただ英語が話せるだけではなく、さまざまな国の人と触れ合い、相手の背景にある文化や宗教なども理解して、尊重し合えるような人間関係を築いていかなければいけないはず。私はいずれ自分に子供ができたら自分の子供は多国籍な子供達の中で育てたい。いつしかそう思うようになっていました。

そして、奇しくも新型コロナウィルスの影響でビジネスが完全オンライン化し、どこにいても仕事ができるようになるとまた海外へ行きたいと思うようになりました。

ちょうどその頃、コロナ禍でも移住しやすいドバイが経営者仲間の間で話題となり、友人らがこぞってドバイへ移住しているのを見て、私達もドバイへ移住するべく準備を始め、遂に2021年8月に家族でドバイへ移住しました。

ドバイへ来てからも、ハプニングの連続で毎日大変でしたが、今ではナニー（子守兼メイド）さんも見つかり、家族で日々楽しい生活を送っています。

自分自身と向き合うことから始めよう

ここまで来るのには本当に紆余曲折ありましたし、時間もかかりました。

時折来るチャンスやタイミングにうまく乗れた、というのもありますが、根底には「いつかこうなりたい」という思いを諦めずに持ち続けていたおかげだと思っています。

そして理想や夢、こうなりたいという思いを誰かに話したり、今でしたらSNSで発信したりすることもとても大事だと思います。そのおかげで、誰かを紹介してもらえたり、運良くチャンスが回ってきたり、夢が叶うということは本当に起こるのです。

自分がどんなライフスタイルを送りたいのか、どんなパートナーと一緒になりたいのか、どのくらいの収入を得たいのか。今の現実から逃げずにまずは自分自身と真剣に向き合ってみることをおすすめします。

私のライフスタイルや、インターネットを使ったビジネス展開について興味を持ってくださった方はぜひQRコードをスキャンしてみてください。

あなたの幸せ探しのきっかけになるかもしれません。

あなたへのメッセージ

「いつかこうなりたい」という思いを

諦めずに持ち続けることで

必ずチャンスは回ってくる。

勇気を振り絞って、

そのチャンスを掴むと

夢は叶えられる。

香内真理子さんへのお問合わせはコチラ

子育て中の赤ちゃんの泣き声をヒントに生まれた業界初のボイストレーニングメソッド誕生秘話

ボイストレーナー

里めぐみ

日本ボイスコントロール合同会社 代表

1984年、奄美大島生まれ。対人恐怖症の一種である”赤面症”や”あがり症”に25年以上悩み続け、人前で歌い続けることで克服した経験を持つ。奄美大島から東京へ上京後、音楽事務所からスカウトされる。アメリカ最大級「マクドナルド・ゴスペル・フェスタ」にて賛美歌を歌い、日本人クワイヤーとして史上初の優勝経験を持つ。人前に立つプレッシャーに長年向き合い、大勢の前で歌う体験を積み重ねた経験から、メンタルからアプローチするボイストレーニングメソッドを開発。現在、講師育成や音楽イベントに精魂を傾けながら音楽教室を経営する。

05:30　起床、瞑想とストレッチ
07:00　身支度しながらコーヒータイム
09:00　仕事スタート（セルフボイトレとHPのアクセス数確認）
10:00　午前のレッスンスタート
12:00　昼食とお昼寝
14:00　午後のレッスンスタート
18:00　レッスン終了、事務作業
18:30　自分のための音楽タイム
20:00　夕食、子供とお風呂
21:00　子供の寝かしつけ
23:00　就寝

赤面症が選んだ「音楽人生」

小学5年生になって気づいたことがありました。私はちょっとでも注目されると耳まで真っ赤になる「赤面症」だったのです。クラスの子に冷やかされ、その場から逃げないと症状が治まることはなく、誰にも言えない生きづらさを感じていました。

ある日、「このままでいたくない」という感情が生まれ、「場数を踏んだら治るかも」と安易な考えで放送部に入部。人に注目される環境づくりをスタートさせ、さらに文化祭のステージで好きな曲を歌ってみることにしました。緊張の中、イントロが鳴り、第一声を出した瞬間、私は言語化できない快感に心が支配されてしまったのです。それは、赤面症を場数で何とかしようとした行動の先に見つけた「やりたいこと」でした。

進路を決める時、「東京で音楽を学べる生活って最高じゃない？」とアイディアが降り、親に内緒で音楽専門学校に電話し、資料請求してパンフレットを取り寄せました。資料の効果で漠然としていた願望がどんどんクリアになって、「できたらいいな」という感情から「絶対にやりたい」という強い信念に変わりました。

「音楽も東京もだめだ」と親に反対されましたが、本気であることを何度も伝えました。

最終的に「そこまで言うなら」と掌を反すように応援に回り、近所の人に自慢までし始めました。人は誰かの本気に触れると気持ちが変わるということや、応援する側にもそれなりの覚悟がいることを知りました。

きっと、あなたも誰かの本気に心動いた経験があるのではないでしょうか。

もし、周りから反対されることがあったら「本気」を伝えてみてください。

東京へ上京後、ライブの数をこなし続け、たまたま来ていた音楽事務所の方にスカウトいただいたことで、レコーディングからCD全国流通、MV撮影、渡米ツアーを経験させていただきました。

ここで私は気づいたのです。「上京前に思い描いていた予想を遥かに超える出来事が起こっている」と。自分の足で進んだからこそ、見えた景色がそこには広がっていました。

ということは、「今の経験値であれこれ考えたところで、未来では予想外のことが起こり、シチュエーションが変わる」ということです。考え込んで立ち止まることがいかに不要かを何度も体験し、「とりあえずスタートさせてみる」という習慣を身につけました。

東京に慣れた頃、渡米ツアーで体感してしまった異国のエネルギーが忘れられず、悶々としていたら次の願望が生まれました。「ニューヨークで音楽しながら生活できたら最高じゃない?」と。私が移した行動は「凱旋スピーカーになる」でした。音楽仲間やバイト先、地元の友達にわざと言いふらしました。これが効果絶大で「その気になっちゃう効果」や、知り合いを通して質の良い情報が入ってきて、さらに願望はクリアになりました。

しかし、友達から「あなたにできるわけないじゃん」と言われ、驚き傷ついた後に悔しさが溢れてきました。弱気になった日はその言葉を思い出し、悔しさをバネに着々と留学資金を貯め、晴れて渡米することができました。本来、悔しさはやる気の源です。あの言葉のお陰で、まっすぐ進むパワーが生まれたと思っています。

NYで本場ボイストレーナーの個人レッスンを受けた時のことでした。ホイットニーヒューストンの曲を課題曲に選び、「原曲通り、そこそこ歌えたな」と満足していたら、すごい剣幕で「歌うことへの情熱はあるの?」と先生に怒られたのです。

同時期に日本人のゴスペルクワイヤーに所属していたのですが、3万人が参加する全米大会でまさかの優勝を果たしました。歌唱レベルやパフォーマンス、発声や発音は本場クワイヤーの方が正直ダントツでした。でも審査員の心を動かしたのは日本人のステージだったのです。

歌は、上手さや常識では感動しない。ここから私の音楽概念が壊れ始めたのでした。

起業の種は「悩みと面白い」

全米大会優勝直後、そのまま帰国して地元に戻ろうと段取りしていた矢先、マスコミ関係の仕事依頼が入り、一旦横浜に住むことになりました。やはり未来は想定外ですね。

それは、イベントの取材という、私にとっては遊びのようなお仕事でした。取材先が音楽イベントであれば、私も歌わせてもらいCDを販売、売上を立てるという規格外の提案に驚きましたが、社長が私の性質を見て作ってくれたお仕事でした。

早速オリジナル曲を作ってレコーディングし、1000枚のCDをプレス。取材先にアポをとり、カメラとマイクを担いでインタビューをした後、歌ってCDの販売を続けたところ「歌う記者」という肩書きが定着しました。「面白いから、あなたに取材に来てほしい」と逆依頼をいただくようになり、より一層忙しく働いていました。

帰宅拒否するほど仕事に夢中になり、CDも手売りだけで完売。しかし、会社が縮小することになり、悲しいことに私の仕事はなくなってしまいました。諦めきれずに「どうにか同じ仕事ができないか」と頭の中をグルグル思考させていたところ、「一緒にメジャーを目指さないか?」と声をかけてくれた音楽仲間がいて「面白そうだからやってみよう」とメジャーを目指す日々がスタートしました。

ところが、メジャーに対する葛藤が少しずつ始まったのです。数年活動し、たくさんの応援を頂きながらも、自分らしくいられない状況に耐えきれず、解散願いを出しました。私はこんな自分にショックを抱き、音楽活動を一切やめることにしたのです。我慢の蓄積や人生の軸にしてきた「音楽」を生活から排除したことで、軽いうつ病状態だったと思います。「もう音楽も聞きたくない、歌も歌いたくない」大好きなものが大嫌いになってしまった時期でした。

メジャーを目指す前から、夫になる山田くんとの出会いがあり、そのまま入籍。お腹の中には小さな命が宿り、出産。「本当に私から命というものが産まれるんだ」と感動しました。しばらくは可愛い我が子とまったり過ごす日々を期待していましたが、産後は授乳やお世話で忙しく、睡眠不足になっていました。

もう本当に赤ちゃんってよく泣くんです！「お腹すいたよー」「オシメ替えてー」「眠いよー」「寂しいよーママー抱っこして！」この感情、全部「オギャー」で表現するんです。私が何をしていようがお構いなく、安定した音程と響き具合でお知らせしてきます。ずーっと泣き喚いても喉を枯らすこともない。筋肉もないのに声が家中に響く！

「おや？……ということは、赤ちゃんの発声こそ理想的なんじゃない？」と泣いている我が子の喉周りやお腹、背中の動きを触りまくる研究が始まったのです。また、声を出すときの原動力となる感情にも注目してみました。赤ちゃんは「うまく綺麗に泣きたい」という欲求はなく、「ママに気づいてほしい」という生命維持の欲求であるということです。

なぜ、心理的にも深く研究できたかというと、「思い通りに歌えないままステージに立ち続けた私の経験を克服したい」と心のどこかで強く願っていたのです。

私は元々、対人恐怖症と言われる「赤面症出身」です。東京でボイストレーニングを受けていましたが、当時はテクニックばかりに焦点が当たり、いつまでも内側が満たされないままでした。そんな私が心理学・脳科学を織り交ぜて組み立てた研究内容は、「私が欲しかったレッスン」に生まれ変わりました。

「この悩みって私だけじゃない！」と教室のホームページを開設。資金がないのでフリーサイトを利用しました。ありがたいことに「歌う記者」の経験がここで活かされ、文章の書き方、ネットの検索で上位に上がるようにSNSを連動させて情報を細かく拡散。

すると、「検索したらすぐ出てきたので」「ここなら安心して苦手な歌が克服できると思って」「先生のブログや動画をずっと見ていて、今日は勇気を出してきました」と、一気に問い合わせが殺到し始め、あっという間に予約のとれない教室になったのでした。

心の制限の外し方

体験レッスンに来られる方は、皆さん緊張して「変わりたい！」と勇気を振り絞ってきてくれています。だからこそ、必ず克服できるレッスンにしようと、心理学や脳科学、メンタルカウンセラーの勉強を続けました。ただ、本やテキストでわかった気になっても、実際の現場では思い通り誘導できないのです。

私こそ一気に変わったわけではなく、日常のルーティンを変えることで確実に変化していきました。最初は放送部に入部し、マイクで話すことに慣れることによって歌うことへの願望が生まれ、歌ってみたら「やりたいこと」と気づき、東京、ニューヨーク……と芋づる式に願望が叶いやすいルーティーンを設定していたのです。

あとは『概念』です。「音楽で生活するのは無謀だ」という多数決で決められた常識、誰かの正しさを軸にして判断すると、願望と沿わない場合に「不快感情」が生まれてきます。

「イラショナルビリーフ」という言葉を聞いたことがありますか？

私は講師になって初めて知りました。これは「決めつけ、思い込み」という「概念」です。

例えば、人はミスによって成長するにも関わらず、「絶対にミスしてはいけない、こうあるべきだ」など曖昧を許さない白黒思考のことをいいます。これによって苦しんでいる人は多く、生きづらい人生を送っている方々もたくさんいらっしゃいます。

物事がスムーズにいかないとチャレンジをやめたくなりますが、実はこれ、逆なのです。世の中に溢れかえる「概念や思考」に縛られ、動けなくなると「不快感情」というナビゲーターが作動します。「変わりたい！」と新たなルーティーンや出来事を取り入れる時も、いつもと違う行動なので、人間の本能として「抵抗」が多少入るようになっています。

しかし、「慣れる」のです。慣れると次第に「退屈」「不満」という感情が出るようになり、「願望」が生まれます。ここで大事なのは『不満の裏側には必ず願望が存在する』ということです。不満は、その人の好みを浮立たせるためのコントラスト（対比）なので、そのままにせずに「願望探し」を楽しんで欲しいのです。まさに人生はこの繰り返しを行うことで、動かすパワー、エネルギーが大きくなっていきます。

物質的に言い換えると、出会う人や人の数、お金の金額です。一見、大きいことにチャレンジしている人でも「日常のルーティーンから変える」ことを大切にしているように思います。例えば、「ランチは500円以内」というルーティーンを「今日は600円にしよう！」と制限外しを行っていきます。ここで大事なのは「高級なものを選ぶ」ことではなく、

「選択の自由」という感覚を身につけること。「500円のランチしか選べない」という概念に気づいたら、「概念みっけ！」と軽やかにプチチャレンジをしていくのです。

数年前の私も抵抗を強く感じる時期があり、「教室主催の発表イベントはしたくない」と頑なに避けていました。頭の中で「絶対、成功させなきゃいけない」というイラショナルビリーフが発生していたのです。そうなると、行動することに拒否反応がでます。

この仕組みがわかってからは「あ！　概念みっけ」と軽やかにいつもと違う行動を選択しました。一人でやろうとするから辛いんだ、と生徒さんにも手伝ってもらい、最終的にイベントは盛り上がり、「またやってほしい！」とリクエストをいただきました。

あの日、カラオケBOXで16名からスタートした個人教室のイベントは少しずつバージョンアップしていき、今では「シンガーズチャンピオン」という、〝歌の上手さではなくエキセントリックな歌い手〟と称した個性を引き出すイベントとして東北全域規模で開催し、100名以上の方に参加していただきました。

この「日常からいつもと違う行動」という制限外しの良いところは、願望と抵抗の差異が薄くなると、チャレンジする対象が大きくなったとしても「恐怖・不安」をほぼ感じられなくなることです。コツはバンジージャンプのような挑戦ではなく、緩やかに「怖くない程度のチャレンジ」を日常から続けることです。

私のレッスンでは、不快感情の本来の意味を丁寧にお伝えしています。緊張は悪いことではなく、血管や筋肉が収縮し、脳や身体が能力を発揮しやすい興奮状態であること。あなたに起こることはすべて味方であるということを、トレーニングを通して体感してもらいながら証明していきます。「失敗することへの価値や、未完成のまま表現すること」をあらゆる視点から意識に落とし込んでいくのです。

歌うことが慣れてきた生徒さんには「ステージごっこ」をします。高さ12センチほどの低いスノコ台に乗ってもらい、視点を少し高くして歌ってもらいます。私は小慣れたMCのように「〇〇さんです！　どうぞ！」と紹介し、大きな拍手と歓声を入れます。するとイメージが深まるのか、緊張感が増し、少し胸と肩が上がるのです。脳の深部はイメージと現実の区別がつかないので、これだけでも人前で歌う身体感覚を体験できます。

まず、「自分の声が嫌い」と自己否定の強い生徒さんは、これで「表現の許可」が下り、「正しく歌わないといけない」という概念が薄れ始めます。先に「正解」をお伝えするのではなく、生徒さんの背負っている重荷を少しずつ降ろすことで、声が出しやすい心理状態になっていくのです。

人生は「今」の連続「Feel now」

もし、あなたが常に不快感情が消えない生活を過ごしているとしたら、それは「〝今〟を味わい損ねている」ということになります。

人生は今の連続「Feel now」です。未来や過去に囚われると、不安や恐怖が強くなり、思考が止まらない状態になります。休憩やリラックスタイムなのに、脳内が「あーじゃない、こーじゃない」と暴走して寝つきもスムーズにいかないですよね。

本来なら、アイデンティティ（個性）を浮立たせる「エゴ」という本能が「あなたが今を感じる」ことからかけ離れると「責めエゴ」に変身します。特に「ながら行動」をされる方は要注意です！　私も事業をスタートさせた当時は仕事に夢中になり、休憩も取らずにPCやスマホを見ながらご飯やお菓子を食べたりしていましたが、味や匂いの感度も鈍くなり、まんまと脳内が責めエゴに乗っ取られました。

こうなるとイラショナルビリーフが活動しやすくなり、①罪悪感、②不安感、③自虐、④怒り、⑤自己や他人否定し、責めやすい性質になってしまう、このような感情が生まれやすくなります。まさに願望に抵抗が生まれ、叶いにくい状態です。

逆にエゴが正常に働くと、①ワクワク、②望みがクリアになる、③やりたいことをスムーズに展開できる、④毎日、氣分が良く他人と関わるのも楽しい、⑤自己や他人肯定がデフォルト化し感謝が生まれる、このような感情が生まれます。

こう見ると、エゴの働き方で人生まるごと変わっていっちゃいますよね！

願望が叶う体質にするには、ズバリ「今を気分良く丁寧に生きる」ことです。人間に与えられた五感を最大限に体感できる人ほど、心豊かで幸福感を感じやすいのです。

レッスンでは「今＝ゾーン」と表現していますが、ゾーンに入る準備を人工的に行います。表情をつけて（特に眉頭）、手の動きなど外側から変えていくと「Feel now」が体感しやすいです。そして「もし、あなたがこの曲のミュージックビデオを作るとしたら？」という情景を一緒に描いていきます。

ここまですると、歌唱後に「ただ歌うのと全然違う」という感想をもらいます。これはミッドα波と言って、今に集中し、左右の脳が共鳴した状態で、能力を十分に発揮する人の脳波と言われています。この脳波の体験から「できるかな？」が「絶対にやりたい」という前向きな思考に切り替わります。本当、人間の脳って面白いですよね！

最後にお伝えしたいのは、「自分の願望を叶え続ける」ことです。これは「我慢しない」と言い換えることもできます。小さなことからでもいいのです。「今は笑顔でいないと」「しんどいけど、今動かないと」このような感情が出てきたら、行動に移さない選択をしてみてください。実は、小さな我慢の積み重ねが願望を見つけにくいフィルターとなるのです。

また、やりたくないのに自分に強要していることは、相手にも求めてしまいます。「私も頑張っているんだから、あなたもやってよ」と今現在思っているなら、今すぐ自分を甘やかしてあげてください。好きなアイスを食べたり、好きな小物を集めたり、好きな映画やドラマを観て、疲れたらお昼寝してホッする時間を作ってください。このリラックスタイムに生まれるアイディアが、他人軸ではない「あなたが本当に叶えたい願望」なんです。

やがて、そのアイディアがビジネスになります。ビジネスは、その人の生き様や在り方が素直に反映されるステージです。

どんな人でも、丁寧に生きることを選べたら幸せになれます。

「せっかち行動」をストップし、「あれも、これも丁寧に味わえる」とルーティーンを変えたことで、今まで歌を味わうことなく、こなしてきた自分に気が付きました。私はボイストレーナーの仕事を通して、「今を感じる」ことをこれからも本気で伝えていきます。

あなたの夢が叶いますように！

あなたへのメッセージ

「日常からいつもと違う行動」をし続けて

制限外しをしていると、

恐怖・不安を感じずに新しいチャレンジが

どんどんできるようになる！

里めぐみさんへのお問合わせはコチラ

顔面麻痺のリハビリとの出会いがきっかけで
誕生した「頭蓋骨小顔矯正技術」
ワンルームサロンから
全国展開するサロンにまで成長した起業物語

頭蓋骨小顔矯正専門サロン経営／小顔矯正スクール運営

鈴木琴乃

株式会社フィオーレ 代表取締役
一般社団法人頭蓋骨小顔矯正協会 代表理事

1991年、大阪府生まれ。九州にて学生時代を過ごす。上京し、美容学校に通いながら六本木のエステサロンにてエステティシャンとして務める。21歳の時にワンルームのマンションで頭蓋骨小顔矯正専門サロン「グレースフィオーレ」を開業。翌年、株式会社フィオーレを設立し、表参道店の出店と共に雇用をスタート。以降も続々と店舗展開を行い、現在、全国に27店舗展開している。頭蓋骨小顔矯正協会では代表理事も務め、スクールにて小顔矯正技術を教える講師としても活躍中。

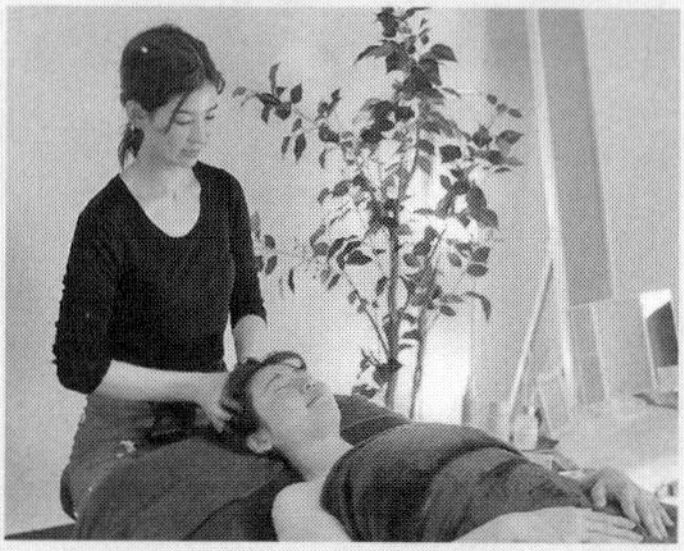

08:00　起床
09:00　ジムで軽く運動
11:00　出社　打ち合わせ
13:00　新人研修に携わる
15:00　ランチ
16:00　打ち合わせ（店販商品のプロデュースや、自身が出演するテレビの打ち合わせ等なるべく自分自身でチェック）
20:00　会食
22:00　帰宅（週3日、銭湯サウナ）
23:00　鬼のスキンケアを行う
25:00　就寝

グレースフィオーレ爆誕！

全国に店舗展開している頭蓋骨小顔矯正専門サロン「グレースフィオーレ」という名前は、私の母親が実家の熊本で長年営業しているエステサロンの名前から取った思い入れのあるサロン名でございます。

グレースフィオーレを日本語に訳すると「高貴な花」という意味であり、「お客様には気品のある高貴な花のよう自信に満ち溢れた日々をお過ごしいただきたい。そのために私たちはお客様本来の美しさを引き出しましょう」というコンセプトを掲げ、私どもは日々、サロンの展開・及び運営を行なっております。

九州の学校を卒業してすぐに上京。美容学校に通いながら、六本木にあるエステサロンの立ち上げに携わり、マネージャーとして勤務していました。当時もそうですが、今現在も目の前のお客様が、いかに喜んでいただけるか、どうきれいに美しくして差し上げられるかを考えながら、日々お仕事をさせていただいております。

勤務しながらも、大好きな美容やマッサージの講習を積極的に受けに行っていました。

美容の勉強をしているうちに「顔面麻痺のリハビリ」をマッサージとして行っている先生と出会い、この技術を習得したい！と思い、先生に懇願し、すぐに教えていただきました。

リハビリを行っているうちに、実際にお客様から「麻痺している部分が動かしやすくなっている」というお声を頂戴するようになり、それ以外にも「お顔が小さくなり、お顔全体も明るくなっている？？」というお顔への素晴らしい変化のお声も頂戴するようになりました。

これは美容の効果もすごいのではないだろうか！　と思い、今まで自分が習得してきたマッサージ技術を大集結させ、組み合わせてできたものがグレースフィオーレ全店舗で行なっている「頭蓋骨小顔矯正技術」のメソッドでございます。小顔効果の高さ、眠れるほどの気持ちよさ、施術の持ちの良さ、どれを取っても自信を持って提供できる技術を開発し、「これだ！」と直感的に思いました。

思い立ったら即行動。すぐに専門店を出そうと物件を探し、技術の練習も重ね、ワンルームにて1人でサロンをオープンしました。このときは、まだ21歳でした。

頭という部分は、身体の中でも一番大事な部分（普段物事を考えたりする大切な脳が入っておりますし、またそれによって凝り固まる部分とも言われています）です。だからこそ一番ケアをしてあげたい部分でもございますが、自分自身ではケアがし辛い部分ですよね。また、頭もお顔の一部と考えます。フェイシャルは面でしかお顔を見ておりませんが、頭全体を球体で見て差し上げ、ルービックキューブのように頭の形を整えながらほぐし、頭のてっぺんである、頭頂部にかけ立体的に引き上げることで、結果、正面から見たお顔が小顔にリフトアップして見えますのが、「頭蓋骨小顔矯正」技術の特徴の1つでございます。

また、小顔矯正と聞くと、お痛みのあるイメージや、実際にそのような強い圧をかけていく危険な施術がまだ多くあるように思います。その一方、弊社の「頭蓋骨小顔矯正」技術は、99％の方が眠ってしまうような痛みのない気持ちの良い施術でございます。頭皮やお顔の筋肉の凝りをしっかり揉みほぐし、実際には骨の繋ぎ目の縫合と言われる部分を重点的に触れていきます。左右バランスが整うことも特徴として挙げられます。

その後に、クレンジング洗顔、首・肩・デコルテ・肩甲骨までオリジナルオイルを使用して、しっかりリンパドレナージュを行なって参りますので、見た目のスッキリ感はもちろんのこと、頭やお身体全体が軽くなり、楽になる感覚もご実感していただけると思います。首が長くなり、肩のこりがほぐれると相対的にお顔も小さく見えますし、小顔効果以外の頭痛や不眠、首こり肩こりの改善でいらっしゃるお客様も多いですよ。

施術に関することになると筆が止まりませんね（笑）。

自分自身を信じ抜くこと

本当にノリと勢いと若さと、根拠のない、しかし誰にも負けない自信から、うっかりサロンを始めてしまいましたが、「頭蓋骨小顔矯正」というワードの強さからか、また当時、頭蓋骨に特化したサロンというものがあまりなかったため、案外最初からたくさんのお客様がいらっしゃってくださいました。

お客様のお悩みを改善していける喜びと、目の前のお客様に喜んでいただけるというやりがいで、休みなく1日7人の施術をするなど、今思うと若さゆえの無茶もしまくっていました。休むという概念もございませんでした。

それでもこの技術で人を幸せにできるという根拠のない自信だけで、日々真摯にお客様に向き合い、実際にお客様が喜ぶ姿に私自身、とても元気や勇気をもらっていました。どれだけ石頭のお客様がいらしても(笑)、喜んでいただけると疲れなどすぐに忘れていました。本当に本当に素敵な仕事だなぁと毎度心から思いながらお仕事をさせていただいております。

サロンをオープンしてから半年ほど経ち、一人では到底回せなくなってきたところで、すぐに法人化をしまして、スタッフの雇用を始めました。

２０１４年8月、「株式会社フィオーレ」の爆誕です！

法人化して、すぐに表参道の3部屋あるサロンに移転し、本格的に運営を始めました。

相変わらず、毎日休まず朝から晩までフル回転の施術。それでも回らなくなってきたため、法人化して半年経たないところでグレースフィオーレ2店舗目になります、恵比寿店をオープンしました。

ちなみに、完全個室の誰にも会わない、お客様と担当エステティシャンだけとの居心地の良い空間づくりをコンセプトに全店舗の設営をおこなっているのですが、今でも店舗の設営は自分自身で行っており、毎月、全国各地に出張に行かせていただいております。


2店舗目からは、自分自身がずっと同じ店舗に在中することができなくなり、自分の目の届く範囲にスタッフがいないこと、また本格的なスタッフの雇用も始まったので、全員歳上であるスタッフへの指導に大変苦戦しました。

初めての経営、初めての上司としての立ち居振る舞い、初めての歳上への指導、すべてが初めてで、毎日泣きながら仕事をしていたことを昨日のことのように思い出します。

ですが、誰よりも丁寧な接客と言葉遣いを心がけ、またお客様に真摯に向き合い、コンセプトとして掲げております「凛としたエステティシャンとして振る舞う」ということを、背中を見せるのが一番であると考え、誰にも絶対に文句を言わせないぞと、言葉遣いや接客に関しても猛勉強をしました。

誰よりも自分自身が売上を上げ、リピーター様をつけ、いかにお客様に喜んでいただける施術や接客はどのようなものなのかを日々考え、そのような施術や接客を常日頃から心がけよう、そういった背中をみんなに見せていれば、きっとみんなついてきてくれるはず！と、信じてお仕事をしていました。

それが今、グレースフィオーレの接客・技術の完全なるマニュアルとなり、全国どの店舗のどのスタッフも、ブレのない技術の正確性や、丁寧な接客や心遣いを提供できる形となっているかと思います。また、当初からはっきりコンセプトを掲げたことで、それが今もなお、御支持を頂いています。

あのとき必死で頑張ったこと、自分の信じるものを信じてやり抜いたことが間違っていなかったと、今、心から思えます。

開業して何かにつまずいていらっしゃる方は、まずはきちんとコンセプトを決める、もしくは決めたコンセプトがブレていないか見直してみるのも良いことだと思います。

自分が代表者であるという意識

「グレースフィオーレ」の新人研修は、カウンセリングからお見送りまで、一言一句、私が実際に現場で行っている接客中の言葉を覚えることから始まります。

初めてのお客様は、個室に一対一の空間店内で、やはり緊張されてご来店されることも多いと思うのです。また「頭蓋骨小顔矯正って痛いのかな?」と思っていらっしゃるお客様も多いと思いますし、実際に特殊な矯正技術でもございます。ですので、理論からきちんと説明して差し上げ、安心安全な技術であることを最初にしっかりお伝えし、安心してリラックスした状態でお受けいただきたい意もございます。

また、代表の言葉であるという意識で最初にしっかり覚えることで、スタッフ自身がお店の代表者として、お客様と向き合っていただけるという意もございます。

すべてにおいての最終責任は私にございますが、実際の代表者はお客様と直接向き合うあなたたちであるという意識のもと働いてほしいと、スタッフには常日頃伝えています。

エステティシャンは職業的にも、職人気質の方が多いです。よく同業の方から相談として聞くのが、なかなか下に任せることができないため、いつまで経っても自分が現場から離れることができず、店舗拡大や店舗展開を懸念されるお声です。私は、やる気のあるスタッフにはどんどん仕事を与えて、早いうちに1つ2つ先の仕事を与え、任せることが、スタッフの成長スピードにつながると思っています。

それゆえ、「みんなが代表」であるという意識を持たせることがとても大事だと考えます。実際に目の前のお客様の対応をしていただくのは私ではなく、現場のエステティシャンですから。お顔が人それぞれ違うのと同じで、頭蓋骨の形、硬さ、歪みも人それぞれなので、やはり現場に早く出て、たくさんの頭蓋骨に触れることが一番本人の成長につながると思います。

また、会社もかなり早いスピードで店舗展開を行っています。事業展開を早くしていく理由といたしまして、現場のエステティシャンで留まるだけなく、店長、マネージャー、その先のフランチャイズオーナー、また自分のサロン経営など、未来のある会社であると、先を見てその目標に向けてやりがいを持って仕事をしていただきたいからです。

エステやマッサージは思っている以上に体力を使うお仕事です。したがって、割と寿命が短い職業であるともいえます。実際、年を重ねる毎に人数をこなせなくなってきます。

そのため、知識を活かして活躍していただけるよう、2016年に「頭蓋骨小顔矯正協会」を設立し、現在、矯正技術を一般の方にお教えするスクールの運営も行っています。スクールの生徒さんの独立開業の支援もそうですが、職業の一つとして、エステティシャンだけでなく、講師としても活躍していただきたいからです。

現在、弊社の元新宿店店長がフランチャイズオーナーで、また、地元福岡にて協会加盟サロンの運営と協会講師としても活躍していただいております。協会加盟サロンも運営し、協会講師としても、オーナーとしても活躍していただいているので、実際に全スタッフの良い目標となっていただけております。

自分のスタッフやスクール生徒さんが、いくつになっても新しいことに挑戦されるお姿を見ると、私もすごく勇気を頂きますし、最後まで全力でサポートさせていただきたいと心から思います。教えていながら、勇気をもらっているのは、きっと私の方ですね。

みなさんを必ず成功させるよう、指導者として、技術だけでなく、すべてのことにおいて成功に導いていかないと、という気持ちになります。実際にスクール生徒さんのサロンは全国各地で大繁盛されておりますよ！

エステティシャン以外にも、いろんな人生の選択肢を作り、さまざまなステージで活躍できるように、いろいろなお仕事を作り続けることが私の使命だと自負しています。

素直な心で目の前の人を思いやる

よく直感型だねとか、感覚派だねとおっしゃっていただけます。確かに、したいことが出てきたら、良くも悪くもすぐに迷うことなくやってきました。

しかし年々、会社が大きくなるにつれ、いろいろな人が増え、いろいろな意見が出てきて、経営のためとか、スタッフのためとかいろいろな側面で考えると、自分のしたいことができなくなり、身動きができなくなったように感じ、また自分自身は何をしたら良いのかわからなくなってしまった時期もありました。

元々の性格的にもですが、自分の意見をはっきり伝えることをしたことがありません。相手が良いなら良いよとか、まぁ相手が喜んでくれているならそれはそれで良いと感じますし、そのようにずっとゆるく風のような生き方を私自身ずっとしてきたんですね。

お友達との関係性ならそれでも良かったのでしょうけど、代表者である私が、意見がわからない、意見がないというのは会社としても本当に良くない状況です。「代表が優しいからダメなんです」とスタッフから言われたこともあり、今なら笑い飛ばせますが、当時は「それしか私の取り柄がないのに、もうどうしたらいいんだろう」と、目の前がクラクラしたことがありました。

そのような低迷期に、代表の意見を知りたい、代表も思うことがあるならきちんと言わないといけないと側近のマネージャーにも言われ、その時に、そうか、そういった意見があるのか、そのように考えるのかと気づき、スタッフに申し訳ないことをしたと気付かされました。

そこから自分でも意識を変え、もちろん、会社、スタッフの意見どちらの意見も汲みながら、自分のしたいこと、思うことを自分でも認識し、意識的に伝えるようになりました。自分の意見をはっきり主張することは、今でも苦手ではあるのですが、自分の意見や考えをきちんと相手に伝えることで、仕事の進むスピードが変わっていきました。物事もスムーズに進むことが多くなったように思います。


今、やりたいことや夢がわからない、自分に何が向いているのか、この先どうしたらよいのかわからない方も多いことと思います。このような時代ならなおさらなことではないでしょうか。私には長年考えるという思考回路がなかったので、何かしたいことがあり、そのことについて考えること、また考えた上で躊躇したりすることって、何かを進める上で大事なことであり、意識的でないと私には到底できないので、自分がやりたい何かに悩み、また真剣に考えていらっしゃることは、素晴らしいことだと思います。

しかし、悩むことや迷うことがあるとしても、やりたいことが1つでも出てきたのならば、それに向かって突き進む以外の選択肢って結局はないと思うんですね。

たくさんしたいことがあるならば、あなたは幸運の持ち主であると思います。

1つずつしたいことを行っていけば良いと思いますし、たくさんのことに挑戦することで、自分の得意不得意もきっとわかってくると思います。

経営をおこなっていると、日々問題や考えることは尽きないですし、新しいことにチャレンジしていると尚更、いろんな壁にぶち当たる機会は多くなります。

でも全力でその問題一つひとつに向き合えば、必ずいつかは成功すると思っています。

いわゆる世間で「成功者」であると言われている経営者の方も、自分が成功者だと思っている方ってそんなにいないと思うんですね。皆さん全力で目の前のことに日々挑戦して、そして自分を信じて、毎日突き進んでいるだけだと思います。また、失敗したとしてもその先に、きっと自分の思う成功や幸せの形が見えてくると思います。

幸せの形や、成功の形は人それぞれだと思いますし、私なんかはお仕事頑張って、銭湯行ってサウナで整って、大好きな友達と美味しいビールが飲めたら、もう超超幸せです！

ですので、失敗することを恐れない。というか成功や幸せには、失敗することはつきものです。失敗をするから、成功や幸せをより実感できるのだとも思います。
失敗を恐れずにしたいことが見つかったらただ突き進むのみです！

「どのようにしたらそんなようまく行きますか？」とか「どのようにしたら成功できますか？」と相談を受けることがあります。

「全然そんなことないのになぁ」「私なんかまだまだだなぁ」と思うのですが、昔からですが、いまだに素直な性格だねと言われることが多いです。確かに、人の意見を100パーセント疑うことなく信じてしまいます。でもそれってきっと周りが素直でいさせてくれているのでしょうね。改めて、周りの皆様いつも優しく見守ってくれてありがとうございます。という感謝の気持ちでいっぱいです。

あとは仕事柄もあると思いますが、いつも目の前の人にどう喜んでもらえるか、目の前の一つのことに集中するということが多かったように思います。そういう気持ちで一つ一つ取り組み、また向き合うことってきっと大事なことなのでしょう。

素直に伸び伸びと、自由に、そして、目の前の物事や目の前にいる人を大事に大切に思うことが、きっとあなたの思う成功や幸せへの近道であると思いますよ。

あなたへのメッセージ

成功や幸せには、

失敗することはつきものです。

失敗をするから、成功や幸せを

より実感できるのだとも思います。

失敗を恐れずにしたいことが見つかったら

ただ突き進むのみです！

鈴木琴乃さんへのお問合わせはコチラ

飲食未経験から開業し、たった2か月で黒字化へ！
コロナで一度は追い込まれるも新事業で復活した逆転劇

飲食店経営／レジャー施設運営／美容液販売事業

鈴木理恵子

株式会社アーキリー 代表取締役

1975年、東京都生まれ。21歳で結婚し、翌年に長男、翌々年に次男を出産。結婚から4年で離婚を経験。専業主婦からアルバイト、派遣社員、正社員を経て、35歳で退職、飲食店経営を始める。男性会社員の多い場所の特性を活かした店造り、商品ラインナップを考案し、開店２か月で黒字転換させることに成功。居酒屋・カフェ等の飲食店を4店舗展開した。現在はレジャービジネス、美容ビジネスを新たに展開中。

07:00　起床　家事全般　朝食
08:00　犬の散歩
09:30　飲食店の売上入金・日報チェック
11:30　居酒屋ランチ営業開始
13:30　帰宅後、昼食
14:30　千葉へ車移動
16:00　現地視察
16:30　建設業者・設計事務所とMTG
17:30　東京へ車移動
19:00　帰宅
20:00　飲食店にご来店のお客様へのご挨拶とキャラバン
23:00　帰宅

会社を退職後、路地裏で小さな居酒屋を創業

高学歴ではない私は、離婚後、花屋のアルバイトから再出発しました。

その後は広告代理店の営業・通信機器の営業事務・社長秘書アシスタントから社長秘書を経て、働き詰めの日々を過ごしていました。海外新規事業立ち上げのチームに所属していたため、日中の会議で突然「今から上海に行ってこい」と言われることもざら。山手線に乗って営業に行く感覚で国際線の飛行機に飛び乗り、いつ日本に帰ってこられるか分からない、という生活を送っていました。

私生活がほぼ無の状態で過ごすなか、ある日突如、「生きるために働いているはずが、働くために生きている」ことに気が付き、退職を決めました。

退職後、待ち望んでいた自由を手に入れたものの、多忙な毎日を過ごすことに慣れていた私は、たった1週間で自由な生活に飽きてしまったのです。

そんななか、昔の仕事関係者に「中央区八丁堀で居抜きの飲食店物件があるから見に行こう」と誘われました。自分で起業することも、ましてや飲食店を経営することも考えも

しなかったのですが、時間を持て余していたので、冷やかし半分で内見に同行しました。

その物件は四方をビルに囲まれており、日中ほとんど日が当たらず、人通りもほぼない場所にありました。周りはオフィス街でたくさんの人の往来があるにもかかわらず、その通りだけは取り残されたように静まり返っていることから、私を誘った当の本人は全く興味を示しませんでした。

が、私はこの場所に強く惹かれ、その日のうちに契約する決断をしたのです。その物件に惹かれた理由は、私自身が呑兵衛だったことに大きく関係しています。

会社帰りに会社の周辺で飲んで帰った翌日、「昨日○○で飲んでたでしょう?」などと言われたことが何度もありました。もちろん悪いことをしているわけではないのですが、無防備にプライベートで飲んでいる姿を見られるのは気分の良いものではありませんでした。

この物件を見た瞬間、その時のことを思い出し、「会社の近くで誰の目も気にせず、心から楽しく飲める隠れ家のような場所」を創れば、呑兵衛サラリーマンに必ず喜んでもらえる、と考えたのです。

場所がとにかく悪いので、都心部にも関わらず坪単価1万円で契約を結ぶことができ、固定費を安く抑えられたのも悪立地ならではの利点です。契約後は改装工事までの間に、周辺の飲食店巡りをし、「自分だったらどのようなサービスに満足するか」を念頭に置きながらたくさんのお酒とおつまみを食べ、自身のお店のコンセプトを考える日々でした。

ある日いつも通り飲んでいると、隣のサラリーマン2人組が4合瓶の焼酎ボトルをオーダーしました。二人はあっという間にボトルを飲み干してしまい、次のボトルを入れるかを真剣に悩んだ結果、お財布と相談して帰る決断をしているのを目にして閃きました。4合瓶だと呑兵衛さんは必ずと言っていいほど、この壁にぶつかります。

「だったら1升瓶のボトルキープのお店にしよう!」

当時1升瓶のボトルキープができるお店は滅多になかったので不安はありましたが、1升瓶ならば、さすがに飲み切ることはできないので、次回必ずキープボトルを目指してご来店してもらえると確信した瞬間でした。

次はお料理。立地が築地から近いので、炭火で新鮮な魚や肉、野菜を焼いたら美味しいに決まっています。周りに炭火焼料理を提供するお店がないので競合もいない。ランチは干物の炭火焼中心のメニューにし、食材ロス率を下げ、夜は手作りにこだわった家庭料理と素材を活かした炭火焼でお酒のすすむラインナップに。

あとはお店の入り口。お店の入り口のドアに細かい格子の柵を張り、暖簾をかけて、足元だけを外から見えるようにする。盛況感を出しつつ、プライバシーは保てる。

これでお店のコンセプトは決定しました。

開店後2か月で黒字化。そしてコロナ到来

改装工事が終わり、無事にオープンを迎える頃。本来であれば広告やチラシ配布が常識かもしれませんが、オープンに至るまで信念を持って一切宣伝をしませんでした。

例えば新規オープン時にチラシを配る場合、来店してもらうための付加価値として、ハッピーアワーを設定して「安価でお酒が飲めるアピール」をせざるを得ません。

ハッピーアワー時には安く飲みたいお客様は訪れますが、サービス終了と共にお客様も去ります。その理由は簡単で、単に安く飲みたい人がチラシを見てお店に来店していただけで、誰一人お店のファンにはなっていないからです。これも自身が呑兵衛だったからこそ考えたポリシーでした。

そして、宣伝をせずに静かにオープンを迎えました。オフィス街なので、ランチは初日からぼちぼち入店していただけましたが、夜は一変。誰一人として来店してもらえない日が続きました。心が折れる寸前でしたが、とにかく笑顔で、お客様目線で喜んでいただくことだけを意識して待ちました。

その結果、3週間を過ぎた頃には、ランチで美味しい炭火焼定食が食べられるという噂が広まり、それが夜のお客様に繋がり、夜は夜で1升瓶のボトルキープが人気を呼びました。2か月を過ぎた頃には、昼も夜も連日満席の人気店になり、黒字化することができたのです。

その後も順調に売上が伸び、あっという間に4店舗までお店を増やすことができました。再開発の煽りを受けて、立ち退きを強いられた店舗もあり、現在は居酒屋とBarの2店舗のみですが、すべてが順調で幸せな日々を過ごしていました。

お客様の喜ぶ顔が見たくて、感謝の気持ちをお料理や接客を通して表現していたはずなのに、逆にお客様に「ありがとう」と笑顔で感謝していただける。会社員の時には味わえない至福を噛みしめていました。

しかし、2020年、コロナで今までの生活が崩れ去ります。今までは1店舗月300万を超える売上がありましたが、2020年の5月には売上が90万を切り始めたのです。

さらに、東京都の指示通りお店を開けていても非通知電話で脅され、直接乗り込んできて怒鳴りつけられる日が続きました。お客様に喜んでもらうために仕事をしてきたつもりが、人の怒りを買い、恨まれるようになってしまった現実がとにかく辛かったです。

当時はコロナがどのようなウィルスか分かっておらず、飲食店は悪とされ、出口の見えないトンネルを走り続けることは孤独との戦いでした。

そんななか、従業員から「うちは倒産しませんよね？」と聞かれたことがあります。

私が一番聞きたいよ、と心で思いつつ、「大丈夫に決まってるよ」と作り笑顔で答えるのが精一杯でした。


そしてその夜。生命保険や、会社で加入している共済を調べ、自分が死ねばいくらもらえるか計算をし、死ぬ方法を調べ、翌日の夜にクローゼットのポールにベルトをくくり、自殺を図りました。私が死ぬことで、従業員の退職金を捻出し、守る以外にもう選択肢がなかったのです。その時の感覚は鮮明に覚えていますが、恐怖心は一切なく、従業員が当面路頭に迷うことがない安堵感に包まれていました。

しかし、そんなに都合良くはいきません。調べた方法では3分で意識を失うはずでしたが、待てど暮らせど意識は飛ばす、ひたすら苦しいだけ。そして仕切り直してベルトを2重にして挑戦するも意識は飛ばず、残ったのは首にしっかりついた青あざだけでした。

その時、「死ねなかったなら、死んだと思ってやればいい」と良い意味で開き直ることができたのです。何もせず逃げるのではなく、やれることをやってダメだったとしても、清々しい気持ちでいられると。

そうは言っても夜になると暗いことばかり考えてしまう。闇に包まれると気持ちも闇に包まれるので、「そうだ！　夜に暗いことを考えるのは止めよう。夜は寝て、明日お天道様の下でもう一度考えよう」と決めました。

たったそれだけの意識改革で、自分自身に芯ができ、悲観的な状況ならば、なおさら笑っていよう！　せめて気持ちは晴れやかでいよう！　と考えられるようになりました。

困難な時ほど、悲観的になって表情や立ち振る舞いまで暗くなり、覇気がなくなりがちです。そんな人を周りの人が見ても、誰も笑顔にはなれず、相手にまで暗く不安な気持ちを与えてしまい、何もいいことはありません。

困難にぶち当たった時こそ、まず周りの人や仲間に心から感謝する。辛い状況は変わらなくても笑顔でいる。自分の不幸を理解してほしいがゆえに周りに愚痴をこぼすことをやめる。自分の人生の脚本家は自分。発する言葉をポジティブにしていけば、相手から返ってくる言葉もポジティブになり、人生ハッピーエンドに向かって行く。自殺を図った私は危うくバッドエンドの脚本家になるところでした。

それからも苦しい日々が続きましたが、東京都の要請通り、夜の時短営業を再開した初日、常連様1名様がご来店してくださりました。翌日は2組、翌々日は3組。やはりいつも支えてくださった常連様でした。常連様の中には「ずっと来られなくてごめんね」と泣いてくださる方もいて、孤独だと思い込んでいた私が、たくさんのお客様に愛され、支えられていたことを痛感できた最高に素敵な出来事でした。

数えきれない飲食店が灯りをともして営業再開している中、たくさんのお店を通り過ぎて私のお店に向かって来てくださる。こんな幸せなことをコロナになる前は、当たり前だと勘違いしていた自分がいました。コロナで苦境に立たされましたが、コロナからたくさんのことを学び、それらを今後に活かしていこうと決心しました。

コロナと寄り添って生きる

コロナ禍で分かったことは、飲食店だけではリスクが高すぎて、大好きなお店やお客様、従業員を守れないということ。三密を回避して、なおかつ人に喜ばれる新規事業を考えているなか、ふとテレビでキャンプ場と高級貸別荘の特集を目にしました。飲食店とは真逆で、人がたくさん訪れていて、そこにいる人たちはみんな笑顔。羨ましいとは思いましたが、私は犬を飼っているので一緒には泊まれない……。そこでまた閃きました。

「そうだ！　それなら犬と一緒に遊べて泊まれるキャンプ場と貸別荘を作ろう」

その日から土地探しをはじめました。都心に住んでいる人をターゲットにしたので、土地の条件は都心から1時間ちょっとで辿り着ける場所。最初は難航しましたが、ある日、千葉県大多喜町で心を掴まれた土地と出会いました。夷隅川沿いの大自然に囲まれた、とても静かで美しい３８００坪の土地でした。ところが、持ち主はすでにご高齢で、その土地を千葉県に寄付することを検討されていました。そこで土地評価額で譲っていただきたいと交渉を続け、３８００坪の土地を、なんと１８０万円で購入することができたのです。

問題はここからです。水道も通っていない、荒れ放題の土地を整備しなければなりません。普通に見積もりを取ると、軽く1000万円はかかります。そこで再度地元の方に熱意を持って計画をお話しました。

地元の方にとって、荒れ地があると害獣が増え、田畑が荒らされるのが悩みの種だということは何度も足を運ぶうえで分かっています。そこで、地元の方の協力で安価で整地をやっていただければ、そこにキャンプ場と貸別荘を建設し、建設することで害獣も去り、地産地消（野菜や猪肉を販売）、人材雇用にも貢献できると交渉しました。何度も交渉していく内に地元の方に人として信頼を得られるようになり、重機を持ち寄り、総額170万で整地をしていただけることが決まりました。

それからは土地や建物を担保に銀行融資を取り付け、順調に設計が進み、あと一歩で建設、という時にコロナの影響で木材や半導体不足問題が深刻になりました。現在は価格が安定する時期を待って一旦延期にしていますが、購入した土地を荒れ地にしないように手入れをしながら、年内を目途にスタート時期を模索しています。

しかし、それだけでは利益は生まれません。そこでまた違った新規事業を並行して考えなければならなくなりました。

「少ない資金で人に喜ばれる物は何だろう」ある日お風呂に入って、そればかり考えていました。思いつかないままお風呂から上がり、顔に塗った幹細胞美容液のボトルを見て閃きました。そもそもこの幹細胞美容液は知り合いの会社が某国立大学と共同研究を進めているもので、試しに使ってほしいと頼まれていたものでした。

「あれ？　そう言えば顔のシワがなくなってる」仕事に忙殺されていて、作業として塗っていた美容液の効果にやっと気が付いたのです。これはいける！　そこで商品の販売権利を頂き、ホームページやＥＣサイトを立ち上げ、細々と販売を始めました。

最初は全く売れないと思ったので、まずは周りの知り合いやサロンのオーナーに商品をばら撒き、無料で使っていただきました。その結果、効果に驚き、感動してくれた方達が徐々に購入してくださるようになりました。その後は人づてに評判が広がり、ようやく新規事業として利益が生まれるようになりました。

一つの事業に執着していたら、今でも悩み苦しんでいたと思います。悲観的にならず、執着せず、前向きに柔軟性を持って「人に喜んでもらえること」を考えた結果、以前は考えもしなかった美容液販売で利益を上げることができました。

ビジネスにおいて大切なのは「人対人」。どんな仕事でも人との関係性があってこそ成り立っています。関わる人すべてに、感謝の気持ちを込めて「ありがとう」と笑顔で言えることが、人生最大の強みになるのだと思います。

人生の台本の脚本家は自分自身

自分が発する言葉は、自分の感情や思いが口から出たものです。腹が立ってキツいことを言うのも脚本家である自分が言わせている言葉です。腹が立っても、その感情を一旦落ち着かせて優しい言葉を発するのも脚本家である自分が言わせている言葉なのです。キツいことを言われた相手は、キツい言葉を返してきます。

逆に優しい言葉をかけられた相手は優しい言葉を返してくれます。それに気が付いてから、普段からポジティブで相手を思いやる言葉をどれだけ掛けられるかで人生の台本はどんどんハッピーエンドに向かっていくのだと思い、人付き合いを大切にしています。

私は高学歴でもない、ただのちっぽけな人間です。だからこそ、人に感謝し、言葉選びを大切に、つらい時ほど、笑顔でいることを意識して生活するように努力しています。腹が立てばキツいことを言いたくなるので、最初は自分を抑えるので精いっぱいでした。笑顔も作り笑いしかできない時もたくさんありました。しかし、継続することによって、気が付いた時には、たくさんの素晴らしい仲間に囲まれ、人間関係も仕事の関係者にも恵まれていました。その人間関係に支えられ、どんな困難でも乗り越えられる勇気を持つことができました。

現在も、仕事は毎日多忙で、自分の時間が取れない日々が続くこともあります。あと3日で終わらせなければならない仕事があっても、以前ならば「あと3日しかない」、と考えてしまうこともありましたが、今は「あと3日もある」と考えられるようになりました。ポジティブに考えて目の前の課題に挑めば、辛い仕事は楽しいものに変わりますし、アイディアも浮かぶ。自分が「できる」と思ったことは、必ずできる、という実績を日々作ることが人生のハッピーエンドに向かう近道だと思います。

人を気遣い、心遣いを大切にし、発する言葉をポジティブにする。

たったこれだけで、周りから大切にされ、気遣ってもらえ、協力してもらえる人生になる。何も持ち備えていない、弱い私だからこそ見つけた成功の法則です。

あなたへのメッセージ

自分の人生の脚本家は自分。

発する言葉をポジティブにしていけば、

相手から返ってくる言葉もポジティブになり、

人生ハッピーエンドに向かって行く。

鈴木理恵子さんへのお問合わせはコチラ

自分の実体験から生まれた自然派スキンケアブランド！
仕事と家庭を両立させるための大切な考え方

自然派スキンケアブランド運営

高松雨晴

株式会社ＳＴＭ代表取締役

1987年、中国大連生まれ。高校生の頃、両親と共に日本へ移住。横浜市立大学を卒業後、銀座三越で2年半アパレル勤務を経験。その後結婚、国際貿易関係の仕事をスタート。二児を出産し、その経験から自然派スキンケアブランド「SEA ESSENCE」を立ち上げた。2022年、現代女性をさらに美容面から支えるべく、利便性はもちろん、よりハイクオリティなケアをという想いのもと、美容家電「SE BEAUTY」を開発。また、日本自然保護協会の会員として、環境問題にも取り組んでいる。CCI France Japan（在日フランス商工会議所）の会員として、ビジネスコミュニティーの活動へ積極的に参加中。

07:00　起床
08:30　子供送り出し
09:30　会社へ出社
10:30　会議
15:00　在宅
16:00　息子を習い事へ送り出し
17:00　娘のお迎え
17:30　夕飯準備
20:00　お風呂、絵本読み聞かせ
22:00　メール処理、自分の自由時間
23:30　就寝

現代ママの悩みから生まれたブランド

私は周りから、「なぜ、自然派ブランドをつくったの?」とよく聞かれます。

その答えとして、第一子を授かった頃にさかのぼってお話しします。

人工的な成分が入った化粧品を使うと、顔だけでなく体まで抵抗反応が出たため、今まで使ってきたすべての化粧品をあらゆる面で見直していました。例えば、毎日使う歯磨き粉に関しては、匂いで吐き気がしたり、見るだけでも気持ちが悪くなったりする日々。

そのうえ、体重がMａｘ75㎏まで増えてしまい、体調を含め体のコントロールが難しく、写真を撮られることも正直、嫌だなと感じてしまう時期でした。

今まで使っていた化粧品が合わず、何を使っても敏感になってしまう症状に1年以上悩み続けるなか、「女性に寄り添うものを作りたい」と強く思う気持ちが芽生えはじめました。

私と同じように、妊娠中のホルモンバランスの乱れによる、肌トラブルと精神面の不安定な状況を経験した方へ寄り添うような、変化から起こる女性へのサポートとなるスキンケアを開発すべく、身近なママ友とのコミュニケーションもヒントに、顧客の意見や実体験の情報収集をしていくうちに「同じような悩みをもつ女性は多いのでは」と感じることが増えていきました。

私の実体験から生まれたのも事実ですが、周りとのコミュニケーションや声があったからこそ、今こうしてスキンケアブランドをスタートさせるきっかけになっていると強く感じています。

第二子の妊娠8か月の時には、国際貿易の仕事のため一人で香港へ出張をし、現地に着くやいなや、親戚がものすごく心配して、私をとめようとしていたこともしばしば(笑)。しかし、それを押し切ってでも、出張先で実際の声を間近で聞いたからこそ、日本の天然成分の良さ・魅力をより痛感することができました。

自分自身が働きながら、このような経験をしたことによって、「日々が忙しいからこそシンプルで、ハイクオリティが必要」とより感じるようになりました。

なぜ、シンプルでハイクオリティなのか。

それは、忙しい毎日を送る私たちにとって、「手間がかからずに、簡単で、美肌を手に入れることができる天然成分を詰め込んだ化粧品」が必要不可欠だからです。その時の流行りに乗って注目される化粧品を開発しても、現代女性の悩みは解決できないと思いました。

そして2019年、夏。タイミングや周りの期待も合わさり、現代女性の生き方から誕生した〝シンプルかつハイクオリティなスキンケアブランドSEA ESSENCE〟を立ち上げることとなりました。

チャレンジは私を成長させる

あなたは、周りの目線や否定的な声が気になりますか？

否定された時、どうすればいいかというと、とにかく気にしないことが大切です。しかし、完全に気にしないわけではなく、「なぜその人は否定するのか」理由を探りましょう。

否定の声には必ず理由があるからです。吸収しながらその理由と向き合い、自分を成長させるためのアイディアとして持っていてください。良い声があれば、悪い声はつきものです。深く考えすぎず、そして否定の声は決して恐れないでくださいね。

否定の声は今の私にとって〝ポジティブな考え〟となっています。

会社を立ち上げた初期の頃は、商品開発の件も含め、間近でさまざまな疑問の声がたくさんあがりました。その際に心掛けていたことは、「謙虚な気持ちを忘れずに、相手の意見をじっくり聞く」こと。この一言に尽きます。

私は大学時代、国際多文化研究専門学科を専攻していたので、一人ひとりにさまざまな文化・いろいろな考えがあることに気づき、深く知ることによって、多面的に物事を考えられるようになりました。勉強したというか、すごく体感した部分です。

積極的に意見を聞き出すことは、本当にその意見をもとに形に作れるか、というチャレンジへ繋がってきます。そして、チャレンジをしていくなかで、「まず、どうすればいいのだろう」と、自分に問いかけています。失敗を恐れず、問題を一個ずつ解決し続けることは、自分の成長に繋がっていきます。


もう一つ、大切にしている考え方があります。

「考え方は大胆に、やり方は慎重に」

この言葉は、私の性格にも深くかかわってきます。

夢を実現すること（地に足をつけること）は、ものすごくいろんな要素が必要です。考えることは簡単。しかし、実現することは難しいので、慎重に進めます。

簡単に考え、進めることが「仕事」ではありません。

一度始めると戻れない、覚悟があって進んでいるので、「やり方は慎重に」ということがとても大切です。

私自身、考えることはいろいろ妄想ができて、とても好きです。

ただそれを実現するためには、慎重にプランを作り、ひとつひとつ責任をもって、ある程度先のリスクを予測しながらやらなければいけません。

やるからには、やりたい放題ではなく、先々を予測しながら慎重にやりたいことに向かって実現するということです。


私は恵まれていると感じる瞬間があります。それは、チームメンバーがすごくチャレンジ精神を持っていて、いつも一つの目標を達成するためにポジションを固定せず、一人ひとりの強みを活かして仕事に取り組んでいるのを実感するときです。チームメンバーと接する時には、一人ひとりの成長を第一に考え、平等に向き合いながら進めることを大切にしています。


ブランドをはじめて3年。みんなで考えたことや、外から見て不可能だったことが、少しずつみんなの努力で実現することができています。

これらが私の自信につながる大切な芯。

今、そして未来に繋がる不可欠な要素です。

それを得た先には、また必ず新たなチャレンジがやってきます。

「完璧な両立」を求めない

女性がよく言われることは「両立をする」ということです。

私の中の「両立」は、自分一人でなにかを成し遂げることではなく、「時間の管理」と「周りの協力」で成り立っています。

これは人それぞれ両立の仕方が違うので、正解はありません。自分にとっての両立がわかるまでは、私自身も「正解」を求めた時期がありました。

ママ業は本当、簡単ではないですよね。ママをしながら、仕事の連絡を対応し、その際に子供からなにか要求されたときには、忙しさのあまり怒りっぽい対応のときも……正直、少なくはなかったです。

そのなかで気づいたことは、「完璧を求め過ぎず、平常心でいること」でした。

両立とは、あれもやりたい、これもやりたいではなく、追及せず優先順位をつけながらバランス良く頑張るということです。

例えば、ある日のスケジュールの一部ですが、午前中、脳が活発に動いているときに会社へ行き、会議や商談を済ませ、午後は子供を習い事へ連れていくため、在宅でもできるパソコン上での仕事を午後に自宅でまとめたりします。

子供へ負担を掛けないためにも、自分のスケジュールをしっかり区切るということがとても重要です。やりたいこと、やるべきことを、シンプルでいいのでまず決めましょう。仕事と家庭の時間をうまく整える（ON／OFFの切り替え）と、心のバランスも自然と豊かになります。

次の日もいい状態の自分であるように、自分自身のリラックスタイムを取り、大好きな料理をしたり、飼っているペットと遊んだり。夜は、子供が寝静まった後に大好きなワインを楽しむことが、私にとって大切な癒しの時間です。

一方、経営者としては、多方面から問題解決を求められる日々なので、その際、「自分はどうしたいのか」を常に考えています。

もちろん、精一杯になる自分もいます。そういう時は「周りに助けを求めることも必要だよ」と自分に言ってあげたいです。そんな時こそ、支えてくれる人へ感謝の気持ちを常に忘れずに過ごすことを意識しています。

忙しい時こそ、旦那やシッターさんの家事育児のサポートは、私にとって必要不可欠です。更に、何年間もずっと旦那さんが頑張っている姿を見ていると、やりがいと責任感の気持ちが芽生え、自然と自分の励みにもなるのです。

我が家では、妻がやる、旦那がやる、と分けるのではなく、お互いに行動する前に理解をし合い、コミュニケーションがあってこその協力につながるので、互いに感謝しあいながら生活をすることを心がけています。

何かをチャレンジするときには、反対の声が一番にきます。ただ私の立場に立って意見を率直に言ってくれる、その旦那の声はわたしにとって宝物なのです。

もし両立に悩んでいる方がいるのであれば、完璧を追及しすぎないことです。

完璧は不可能です。一番状態のいい自分でいることを大切にしてほしいです。

女性の両立や責任感など、流行りの言葉も飛び交っているこの世の中で、その言葉の意味を一度見つめ直してほしいということを伝えたいのです。

結論として、「日々の自分を愛すること」を大切にしてください。

あなたなりの〝自分らしい美しさ〟

Be your own kind of beautiful. 〝自分らしい美しさ〟

このSEA ESSENCEのブランドコンセプトが誕生したのは、私が妊娠出産を経て、今までとは違う人生の段階へ入り、出産後なかなか元に戻らない体型に向き合いながらも、未来へ対しての不安や、自分に自信が持てずにいた頃です。

それを乗り越え今があるのは、夢と自分の目指すべき目標があったからです。

挫折を経験した時や悩んでいる時期こそ、自己成長のチャンスがやってきます。向き合うことに意味があると感じています。

SEA ESSENCEで表現したい〝美しさ〟。

それは、自分の夢や長所に自信を持つこと、つまり、あなただけの魅力を伸ばしていくことです。

人それぞれ持っている「個性」はさまざまです。どういう風に生きていきたいのか、力になれることは何だろう、と自分に問いかけ、自分の本当の良さを見つけてほしい、という想いが、〝SEA ESSENCEである意味〟です。

私には使命があり、これから先もチャレンジし続けたいことが2つあります。

その一つ目として、環境問題についてです。商品に使われている、国産天然成分が年々減っている現実に対して、会社自身も社会の一員として考え、積極的にさまざまな環境問題への取り組みに参加していきたいと思います。

二つ目は、海外へ発信することです。商品のひとつひとつを丁寧につくる、という日本の匠の精神を守りながら、世界中に広げていきたいと思います。

これからのSEA ESSENCEは、グローバルなブランドとして世界各地で出店し、文化の輸出と共にビジネスを行っていきたいと強く感じています。


未来に不安をもっているあなたのチカラに少しでもなれることを願って、今回書かせていただきました。どんな時も夢を忘れずに、自分に誠実に生き、〝自分らしい美しさを放つあなた〟になっていただくことが、SEAESSENCEからのお願いです。

あなたへのメッセージ

考え方は大胆に、

やり方は慎重に。

seaessenceへのお問合わせはコチラ

誰もが神様からの贈り物。
ボランティア活動がきっかけで誕生した
ギフテッドが目指すボーダーレスな共生社会

重症心身障害児対応デイサービス運営

寺尾明美

NPO 法人ギフテッド 代表

1982年、新潟県糸魚川市出身。重症心身障害児の病院や保育園での勤務、看護学校の講師などを経て、2021年NPO法人ギフテッドを設立。同年5月より、未就学から高校生までの重症心身障害児や医療的ケア児に対応した通所施設SMiDデイサービスSoraを開所する。看護師、保育士、看護学学士。4児の母。

06:00	起床
07:00	子供たちを送り出す
07:30	出勤　仕事スタート
18:00	帰宅
19:00	習い事やジム
21:00	入浴
22:00	自由時間
24:00	就寝

人生の転機は、育児ストレス

野球選手の父と、体操の先生の母の間に生まれた私は、「体育の先生になること」が小さな頃からの夢でした。４人姉弟の長女で、年子で双子の弟と、さらに年子の弟。毎日が比較と競争の連続で、祖父と祖母も加えた8人家族の賑やかな幼少期を過ごしました。

本当は看護師になる予定はなかったのですが、「就職先に困らないように」という母の希望もあり、進学は看護専門学校に決めました。自分の中では、体育大に行くために昔からスポーツ部を掛け持ちして頑張っていたので、残念な思いもありました。でも長女としてはお母さんに喜んでほしくて、安心してほしくて、認めてほしくて、看護師の道を選んだというのが大きかったと思います。

看護師になった21歳の年、大きな出来事を体験しました。「父の死」です。

厳格な父が病気で弱っていく姿に、「病気は怖いもの」という恐怖の記憶を埋め込まれたように思います。父親を失ってからというもの、自分の中の不安や恐怖が大きく膨らみ、「またこうなったらどうしよう」「同じ思いをしたらどうしよう」と、いろんな場面において記憶が再生され、そのたびに苦しんでいました。

看護師という仕事は、大きな変化を与えてくれました。看護学校時代に影響を受けた言葉があります。ヴァージニア・ヘンダーソン著「看護の基本となるもの」の一節、「ある意味において看護師は、自分の患者が何を欲しているのかを知るために、彼の『皮膚の内側』に入り込まねばならない」というものです。

障害は、皮膚の内側にあるのか、それとも皮膚の外側にあるのか。それを知るには、目の前の人の体の中に入り込んでみて、その目から世界を見渡した時に分かるのかもしれません。つまり、相手の立場に立ってみる。相手の目線になってみる。そんな思いを胸に、いろんな現場を経験した結果、子供と接する小児の仕事が一番楽しいと感じました。

なぜ小児が楽しかったかというと、子供には大人のような価値観や枠組みを感じず、自由な発想で話してくれて、一緒にいると自分まで純粋な気持ちになれたというのがあります。あとは単純に、最初は泣いていた子が笑ってくれた時、すごく嬉しかった。また笑ってほしいと感じました。

昔から子供と遊ぶことが好きで、早く結婚して子供が欲しいと思っていました。その思い通り、看護学校からお付き合いしていた主人と22歳の時に結婚。24歳で長女を出産しました。私にとって、子育ては人生の転機となりました。

ところが長女が8か月になった時、体に異変を感じました。めまいと動機が止まらなくなったのです。病院に行くと、育児ストレスによる自律神経失調症と診断され、睡眠薬がないと不安で夜も眠れなくなりました。原因は、自分の理想とする完璧な母親になれなかった罪悪感や、こうなったらどうしようという恐怖に押し潰されていたことが大きかったと思います。なんとか薬から抜け出したい一心で、何か解決方法はないかと哲学書を読み漁りました。

私にとっては、これが大きな気持ちの変化となりました。あの時、さまざまな本と出会うことができたから、辛い日々も宝だったと、今なら分かります。

そこからの私は、ワクワクした本の内容を素直に実践するようになりました。1日1個でいいから、人の役に立つことをしようと、子供をおんぶしながらゴミ拾いをしたり、どんな小さなことでもいいから「ありがとう」と言うようにしたり、神社へ行って感謝を伝えたりしていくうちに、周りがどんどん変わり始めました。

自分の心が変わると、映写機のようにその心が現実に映し出されるのだと、身をもって分かった出来事でした。

障害ではなく、ギフテッド

4人の母となり、一番下の子が小学生に上がった時には、子育てが楽になっていました。そんなある日のこと、1人でゆっくりお風呂に入っている時に、突然「立命の瞬間」が訪れました。ゆっくりお風呂に入れるという当たり前のことが、叶わない人がいることを知り、自分が何のために看護師や保育士の免許を取ったのか、急に人生の設計図が下りてきたのです。「そうか、私はこれをするために、今までの人生があったのか」と、まるで点と点が線で結ばれていくような不思議な感覚でした。

その頃の私は、看護師として病院勤務をしながら、空いた時間を使って、重症心身障害児者の病棟でボランティア活動を始めていました。長期療養施設なので、患者さんのほとんどは生活の場が病院という状況。親と離れて暮らす子供たちを見てきて、病院生活での「楽しみ」の部分をどう作っていくかはとても重要なことだと感じていたため、絵本だったり、音楽だったり、スポーツだったり、何か気分転換になるような「余暇活動」を中心に、月に2回ほど通っていました。とにかく子供と遊ぶことが好きだった私は、独学で保育士の資格まで取ってしまうほど、何か使命感のようなものに燃えていました。

ボランティア活動を続けるなかで、あるお母さんの言葉が私の心に刺さりました。

「本当は家に連れて帰ってあげたい。でも、連れて帰っても誰も助けてくれない。地域でどれだけ福祉施設ができても、この子たちを見てくれる場所がない。本当は重症の子たちこそ、光が当たって欲しいのに」

この言葉を受け、2020年、自分の住んでいる地域に重症心身障害児や医療的ケア児が自由に遊べて、24時間介護する母親たちが休息できる施設を創るため、NPO法人を設立すると決意しました。名前は「特定非営利活動法人ギフテッド」。由来は「誰もが神様からの贈り物」という意味です。

実は私の子ども達も、それなりの個性を持って生まれてきていて、それを障害ととらえる環境下では、病院受診を勧められたり、特別支援が必要と判断されたりしてきました。どの子も私にとっては大切な可愛い子供たちなので、周りの声に悩み傷つくこともありました。そんな悩みを友人に相談したとき、「それって障害じゃなくてギフテッドだよ。世界のどこかでは、障害は個性でありギフテッドなんだよ」と教えてくれたのです。

「ギフテッド」を調べると、文部科学省などでは「天賦の才」「特別な才能」という風に表現されていますが、それだと「特別ではない人」が出てきます。本当は誰もが特別であり、自分にしかない個性があるはずです。私は昔から「普通が1番」「普通に生きなさい」と両親から言われてきたので、普通じゃない自分は恥ずかしいと思ってきました。でも、心の奥底では「本当はこうしたい」という思いがあって、それは普通じゃないからダメな事なのだと押し殺してきました。今になって考えれば、普通の基準は人によってさまざまなのだから、自分がやりたいのならば、それが自分の「普通」なのだと思います。

「ギフテッド」の言葉は、自分の奥底にある大切な思いを呼び覚ましてくれました。

ギフテッドを立ち上げ、重症児とそのお母さんの居場所を作ろうと決意したは良いものの、新潟県内にもない施設を創ろうとしていたので、市に聞いても県に聞いても「前例がない」の答えでした。

誰に聞けば良いのか全く見当もつかない状況の中で、愛知県名古屋市に全国重症児者デイサービスネットワークという団体があることを思い出しました。すぐに連絡をとり、1週間後には名古屋の地に足を踏み入れていました。当時の理事長であった鈴木由夫さんから言われた印象的な言葉があります。「なければ創ればいい。お金がなければ借りればいい。分からなければ聞けばいい」その中でも、一番勇気が必要だったのが、法人の理事長になってお金を借りるという、非現実的なことでした。

当たり前ですが、家族からは大反対。でも、お金を出すのが先で、覚悟を持った時に初めて運が味方してくれると知っていたので、根拠のない自信があり、勇気を振り絞って最初の一歩を踏み出しました。

それからは、本当に魔法使いにでもなったかのように、とんとん拍子に事が運び、私たちは法人立ち上げから事業所の開設に至るまで、たったの半年間で完成させたのです。

成功した一番の要因は、縁が縁を呼び、行政や教育、医療機関など、さまざまな人たちの協力を得られたことであったと考えています。ないものをゼロから創り出すため、どうしたら良いかも分からずに、「誰か助けて」と、いつもお手上げ状態でした。しかし、無知であるということを隠さなかったことが、誰かの心にある「この人は助けないと大変だ」という心理を引き出してもらえたのかもしれません。

始めてから1年が過ぎた今、初めは半信半疑だった税理士さんが「ここはブルーオーシャンを創造している事業所ですね。競争ではなく開拓している」と言葉をかけてくださいました。ブルーオーシャン戦略とは、従来存在しなかった全く新しい市場を生み出すことで、新領域に事業を展開していく新市場を創造することです。

その言葉通り、現在ギフテッドは、上越地域を中心とし、近隣地域までもどんどん広がりを見せています。

胎内記憶が教えてくれたこと

私が子育てしていた時に「3歳神話」という話がありました。「子供が3歳になるまでは母親は子育てに専念すべきであり、そうしないと成長に悪影響を及ぼす」というものです。近くに母はいてくれましたが、子育てに関しては完ぺき主義の母だったので、子供を預けて仕事に行くことや、まして遊びに行くことなどは当然良い顔はしませんでした。それでいて、主人も単身赴任で国内外問わず飛び回る人でしたので、誰かに助けを求めるということができなくなっていました。

第1章でも書いた通り、自分への罪悪感で体調を崩した私は、心のどこかで「誰かに子育てを手伝ってほしい」「休んだって良いよって言ってほしい」という気持ちがありました。そのため、この仕事の根本には、「お母さんを手伝いたい」という思いがあります。

つまり、「あの頃の自分を助けたい」なのです。私は仕事をすることで、タイムマシンに乗って苦しくて泣いている自分に、その時かけてほしかった言葉を、お母さんたちを通して形にしているのだと思います。だから、仕事をするうえでの1番の喜びは、「お母さんの笑顔」です。私は4人目の子が6か月になった時、正直に母に「自分の仕事がしたいから、子育てを手伝ってほしい」と打ち明け、仕事に復帰することを決めました。

子育てをするなかで、影響を受けた「胎内記憶」という話があります。胎内記憶とは、「子供はみんな、自分で母親を選んで生まれてきた」「お空の上で、神様と約束してきた」というお話です。「親ガチャ」といって、子供は親を選べないなんて話も聞きますが、もしも「自分で選んできた」と分かると、誰も何かを人のせいにはしなくなると思っています。

子供はみんな神様からの贈り物で、母親はそのお手伝いをしているのだと思ったら、「自分の子」という所有欲はなくなり、「ダメな母親」という罪悪感が薄れていくのを感じました。たとえ障害を持って生まれてきたとしても、障害と認識するのは周りの人や環境だけで、その子の個性がただキラキラと輝いているだけだと思っています。

仕事の中で重症心身障害児と呼ばれる子供たちと関わらせていただいていますが、「障害」と思ったことは一度もなく、「個性」という響きのほうが近いように思います。医療ケアがあっても、思うように体が動かなくても、その子にとっての「普通」があるだけです。

胎内記憶の話は、父の時に感じた「死の恐怖」も和らげてくれました。死は終わりではなく、この世からあの世に生きる場所を変えただけであり、輪廻転生があるのならば、きっとまたどこかで会えるのだと思えるようになりました。だから、お空に帰っていく子も何度も見てきましたが、きっとまたいつかどこかで会えると思っています。

胎内記憶の話に救われ、この話を形にしたいと考えていたちょうどその頃、友人の子どもが胎内記憶を話すということを知り、興味津々で3歳の女の子にお空にいた時の話を聞きました。とても面白くて、ぜひこの話を絵本にさせて欲しいと頼みました。ただ、私は絵が描けなかったので、誰かに描いてもらえないかとすぐに探し始めました。

その時、SNS上での曼荼羅アートに心を奪われ、連絡したのが河野由美子さんという、ギフテッドの現副理事長でした。なぜ曼荼羅アートに惹かれたかというと、自分の最も遠い昔の記憶の中で、曼荼羅のような記憶があったからです。ベビーラウンドの様にくるくると回る光が自分に降りてくる記憶がずっと心の中にあって、曼荼羅アートがそれとすごく似ていました。河野さんと出会って、たくさんのシンクロがありました。実は河野さんのお兄さんも、障害という人生を選び、私が最初に務めていた病院に入院していたことや、胎内記憶の話についてもお互いが深く共感しあえたということもあり、2016年に自費出版「おもいだしたよ」が完成しました。

当初は、自分が胎内記憶を視覚化したいだけの自己満足のような感じでしたが、形にしてみて思ったのは、昔から何度も再生されてきた「失ったらどうしよう」「自分がいなくなったらどうしよう」という不安や恐怖の感情が、「もう大丈夫だよ」と言わんばかりに、自分の中で昇華され安心感を与えたということです。

つまり、みんな神様との約束を果たすために地球に生まれ、全部自分で決めてきていて、起きることはすべて完璧なのだから、ありのままの自分でオッケーということです。

それは、子育てにおける、自分や子供への絶対的な信頼感にもつながりました。もちろん自分が生んだ子供だけではなく、仕事や学校の中で出会った子供たちみんなに言えます。「この子はこの子のままでオッケーなんだ」という無償愛の感覚です。「自分の子」「他人の子」という枠組みを超えてしまえば、「人類みな兄弟」というような、平和な世界が広がっていくような気持ちになりました。

ギフテッドのシンボルマークには深い思いがあって、上には、他界した父が好きだったジョン・レノンのイマジンからの一節「the world will be as one」があります。意味は「世界は1つ」。世界はもともと1つなのだから、争ったり比べたり競ったりする必要はなく、みんなで世界を分かち合えば良いのだと思います。

一人ひとりにあるさまざまな価値観の枠組みを超え、すべてをボーダーレスにしていけば、国境のない空のような、共生社会の実現が訪れると思っています。

もし、自由に生きていいよと言われたら

最後にお伝えしたい私からのメッセージは、「せっかく地球に生まれてきたのだから、やりたいことだけやろう。やりたくないことは、今すぐやめよう。自分の心に従えば、必ず道は開ける」ということです。

「家庭における母としての自分」、そして「看護師として仕事をする社会的な自分」、どちらも大事にしてきましたが、それ以外で大切にしたいのが「好きなことをして遊ぶ本当の自分」です。私は休みができて1人になれた時には、罪悪感なく思い切り遊ぶと決めています。それは、自分を大切にするために、慈しむために絶対に必要な時間です。

子育てが落ち着いてきた頃、母に「好きなことをして過ごしてみたら」と言われ、そういえば昔、体育の先生になりたかったことを思い出しました。そして急に、子供たちが習っていたブラジルの格闘技を習い始めたり、もう一度教育について学びたいと近くの教育大学に入学したり、家庭があっても仕事があっても、やりたいと思ったら何だってチャレンジしました。

やるかやらないかの指標は「ワクワクするかどうか」で決めていて、物事を始める時

は常に自分の心に問いかけています。そのかわり、やると決めたら文句は一切言いません。誰かのせいにもしません。だって、自分がやりたいと決めたのだから。全責任は決めた自分です。一人ひとりが、誰かや何かのせいにするのをやめて、自分で決めたのだと100％責任を持てれば、議論したりジャッジしたり戦ったりする必要もなく、個々の違いを認め合える平和な世の中が訪れるのではないでしょうか。

先日ある方から問われました。「もし今、お金や家庭や仕事を抜きにして、神様から『もう自由に生きていいよ』と言われたら、あなたなら何をしたい？」と。その時、私は「本当に自由に生きていいといわれたら、鳥みたいに自由に世界を見に行くと思う。……でもきっと、1週間もしたら寂しくなって、ここに帰ってくるのだと思う」と答えました。

きっと今いる場所でも、自分がそう感じたなら、自由になることはできる。大事なのは、できないと思い込んでいる思考から自由になること。結局は、今やっていることが最高なんだなぁと、考えてみて思いました。

みんなにも聞いてみたいです。「もし今、『自由に生きていいよ』と神様から言われたら、あなたなら何をしたいですか？」と。きっとそれが、神様との約束なのだと思います。

せっかくの今世なのだから、恐怖におびえるよりも、好きなことをしてワクワクしながら自由に生きたいと、心から思っています。

あなたへのメッセージ

せっかく地球に生まれてきたのだから、

やりたいことだけやろう。

やりたくないことは、今すぐやめよう。

自分の心に従えば、必ず道は開ける。

寺尾明美さんへのお問合わせはコチラ

SNSに「想い」を乗せることで経営が激変！
全国のお客様が岡山に集まってくる美容室経営の極意

ヘアサロン経営

中井麻由

LIOS 〜 hairmake & relaxation 〜 代表

1982年、岡山県生まれ。山野美容専門学校を卒業。目黒・表参道と大手サロンで修行を積み、2010年28歳の頃に地元岡山にてヘアサロン【LIOS】をオープン。《28歳にサロンを持つ》ことは全て逆算で叶えた夢だった。広告等には一切頼らず、SNSからの集客を主とし全国から予約が入るサロンへ。女性美容師が結婚・出産で夢を諦めるなか、子供がいても仕事で成果を出すこと・決して言い訳をしないこと・そして男には負けないことを念に、今は《逆算だけでは叶わぬ夢》に向かい日々奮闘している。

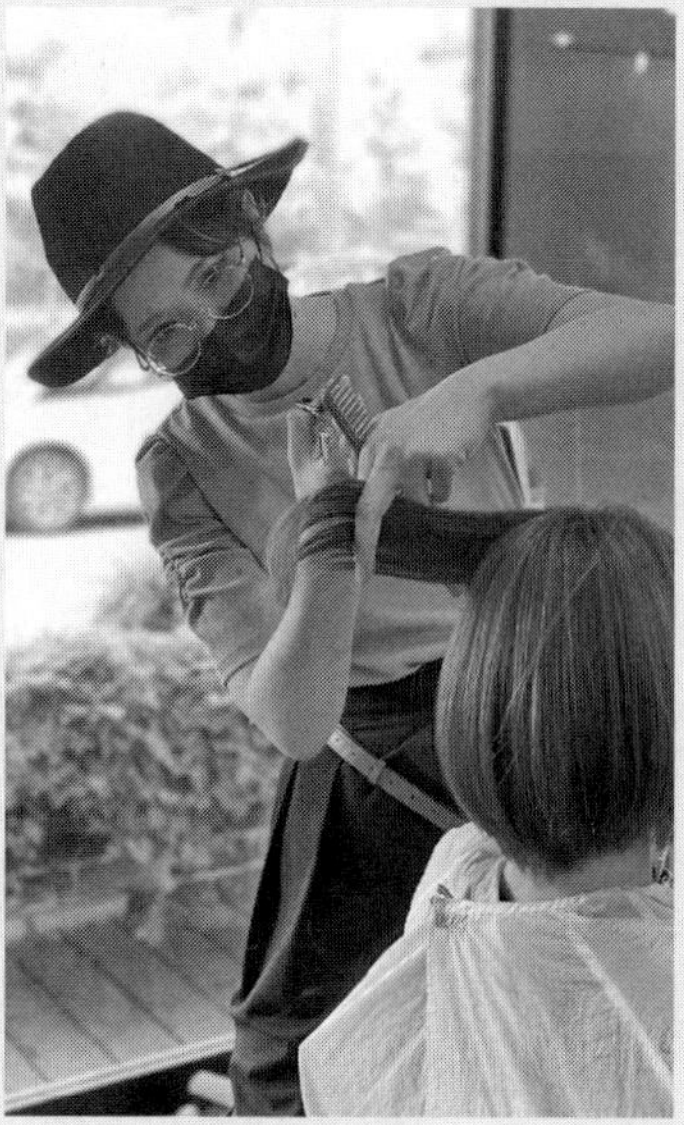

06:30　起床　お弁当作り（保育園）
07:00　朝食、小学校見送り
08:00　家事、DM返信、SNSアップ
09:00　出勤　営業スタート
17:00　打ち合わせ
18:00　保育園・学童お迎え
19:00　夕食準備　お風呂　夕食　子供時間
21:00　主人の夕食準備　家事
22:00　サロン日報チェック、資料まとめ、オンラインサロン
23:00　SNS用動画編集
26:00　就寝

男には負けたくない

私のヘアサロンは岡山の中心部から少し離れた郊外。スタイリスト４名、アシスタント２名、レセプション１名、それと私。もちろん私はバリバリの現役美容師です。

年末ともなると売上は１か月１２００万円前後。そのうち私の売上が半分。売上はともかく、私のサロンはクーポン紙や広告は一切使っておりません。ブログ・インスタグラムなどのＳＮＳのみ。よって広告費はゼロ円。

ちなみに私は、小さな子供がいるため時短営業、日曜祝日は午前出勤のみです。

ふふ。小さなお子様を持つ女性にとって、なんだか夢のある話になりそうじゃないですか？

私はよく《モンスター美容師》って言われます。そのパワフルすぎるエネルギーは一体どこから出てくるの？　と聞かれるので、今日ここではっきりとお伝えします。

私は、売上モンスターでもなく、経営モンスターでもなく、

《今日という24時間を全力で楽しんでいる》それだけなのです。

ではなぜ、妻・母・経営者として、全国からお客様が来るサロンになったのか。

なぜなら、わたしの職業は《〇〇〇》だからです。
きっと読み終わる頃には、その答えは貴方のものにもなっている……と思います(笑)。

私の父は38年目になる呉服屋を経営しています。父が独立する前、デパート内の大手呉服店に勤めていた頃、凄腕の営業マンだったと母から聞きました。着物の知識がほとんどない新人の頃から、デパートで働く女性がこぞって着物を選びにくるほどでした。その成績は全国の社内新聞で号外が出るほどだったそうです。

どこに行っても、相手の心をぐっと掴む達人とは父のことです。

そんな父と結婚した母は、それはそれは苦労したと聞いております。勤めていた頃も、独立してからも父の周りには常に人が集まり、天性の《愛され術》を存分に活かし、バブル時代を謳歌しまくっていたのですから。

ご想像通り、夜の帝王です。外にお金をばら撒いて、帰宅はいつも午前様。夜の帝王以外は仕事仕事仕事。そんな父の娘です。《呉服屋のお嬢様》と言われていました。そう、大理石の玄関、お抱え運転手さん、お手伝いさんのいる大きなお家。

いいえ、当時私の家は、借家の小さな家。母の寝室はなく、経理の仕事をしながら何十年もソファーで寝ておりました。今のような優れたパソコンなんてない時代に、月に何千万も売り上げる父の会社の経理を1人で。それでも母は、帰ってくるか分からない父の夕食を用意し、靴を磨き、朝になると食べなかった父の夕食を、隠すように捨てていました。私や姉に父の不満を漏らすこともなく、凛とした姿で、私たちの制服にアイロンをかけ、朝食を準備してくれていました。料理のセンスも掃除も、ご近所さんへの気配りも母は完璧でした。誰がどう見ても《何不自由ない幸せな姿》をとても上手に演じていました。

しかしその裏で、母の泣いている背中を何度見たことでしょう。

男は自由ですよね。飲みに行くことは《接待》、旅行に行くことは《出張》。人と出会うことは《交流》、稼ぐという紋章があれば、誰にも縛られないで自由に堂々と好きに仕事ができる。当然、母を泣かせ続けた父を恨む気持ちに溢れました。

しかし、ぎらぎらと父の働く姿に大きく憧れを抱いたのも確かでした。相反する2つの気持ちを解決させるためには、父の姿をいつか超えることが必要だと思ったのです。

そして、身を粉にして父を支えてきた母を楽にさせたい。母の仇！　とは言い過ぎかもしれませんが、男には絶対に負けたくない。いつか結婚しても、子供ができても、それを言い訳にせず、外でバリバリに稼ぐ女になってやる。そんな思いもあり、私は技術職である美容師の道を選んだのです。

ブログとの出会いが人生を変える

会社を設立するにあたって痛感したことがあります。

自分の無力さを思い知らされたのです。

東京の一流の世界で10年間修行した私は、地元岡山に帰ってきた頃、それはそれはジャックナイフのように尖っていました。父のアドバイスに耳を傾けることも拒絶していました。だって、この人を超えるために修行してきたのに、《頼る》なんて(笑)。

ところが、まだ若い《女》の私が動いたところで、相手にされないし、やってくるのは若手営業マンばかり。しかし、それを見かねた父の鶴の一声で、どこの業者もトップの方が飛んできたのです。交渉速さには愕然としました。

結局、父の存在には全く太刀打ちできませんでした。


この美容業界ではスタッフが育たないことで苦しむ経営者さんも多いのではないでしょうか。自社もそうでした。若い子が入っても、そこそこ成長すると辞める……の繰り返しです。特に女性美容師となれば【結婚】【出産】のタイミングは離職のタイミングともされています。7席もある広い店内に私とスタッフの2人……という時期もありました。しかし、当時の私は、私さえ売上を作れば良い！　そう思っていました。この頃の私は【育てる】の意味をまだわかっていなかったのです。

ちょうどｍｉｘｉが流行る頃、私は既に美容師。ブログを趣味で書いていました。そのブログを見た先輩の勧めで本格的に仕事の一環としてブログを始めることになったのです。リアルなお客様を記事にブログを書き始めてから、あっという間に【集客】に繋がるようになりました。ブログ集客ってこんなに簡単なんだ！　と知り、自社のスタッフにも学ばせなきゃ損だ！　と意気込み、とあるブログセミナーに参加しました。……そう、軽い気持ちで。

しかし、そこにいたのは、泣く子も黙るほど怖い出立ちの男性講師。バリバリの広島弁でマイクを使わずに大声で講習をする、板坂裕治郎氏。後に私の師匠となる人です。板坂氏は、全国に三千人以上の《ぬるま湯に浸かったアホな経営者》だけを生徒にしているブログの達人なのです。

いや、ちょっとお待ちください？　私は既にブログをやっていて、集客にも繋がっていましたからアホ社長ではありません（笑）。必死に授業を聞いている、明らかに自分より年上の生徒さんを少し見下した気持ちでいました。

そして、自慢げに、やや前のめりに、私のブログを見てもらいました。するとどうでしょう、板坂氏は舌を巻きながら広島弁でこう言い放ちました。

『全く、面白ぉないのぉ』

『週に6日更新？　何の自慢にもならんわ。それは週1の更新と変わらんよ』と。

ええか、お前のブログはお前が言いたいことばっかり書いてるんよ。皆んなに読んでもらおうとして、かっこつけとるんよ。そんな内容は誰にも伝わらん。共感されん。誰か1人に向けて、伝えるんよ。届けるんよ。毎日、毎日《共感》を届けていると、それがいつかファンとなるんよ。

そう、教えてくれました。毎日更新した人だけにしか見えない世界があり、それはブランドだということも。

その日から私は5年間、365日ブログを更新し続けました。写真の編集、記事の構成、何度も読み返しては修正し、1つの更新に2時間以上かかるのです。

携帯ばかりいじってる！　と主人とは喧嘩の日々。二日酔いで白目になりながらも、子供ができて、酷いつわりで泣きながらも、陣痛で叫びながらも、出産し終わった分娩台の上でも、嬉しい日も悲しい日も毎日更新しました。

先ほども書いたように、女性美容師が離職する多くの原因は《出産》後のタイミングです。どんなにやる気があっても、長期の休みを取ることでお客様が離れ、後輩には売上で負けてしまい、段々と居心地が悪くなってしまう……と聞きました。

しかし私は乳飲み子を抱えても、売上に悩んだことは一度たりともありませんでした。《ブログを見ました》と毎日毎日、予約の電話が鳴り止むことがなかったからです。岡山の郊外にある、たった4人のサロンに、全国からお客様の予約が入るようになったのです。世の中に《認知される》ことで、今までは相手にされなかった優秀なメーカーさんとも出会うことができました。私の話を聞きたいと、他業種の社長さんからもたくさん声を掛けてもらいました。

そして一番苦しんでいた【採用】にもしっかり影響し、どんどん仲間が増えました。私の独りよがりのサロンではなく《会社》として、【組織】として動き出せるメンバーが集まったのです。

裕治郎師匠の話を聞き、吸収し、行動し、自分への厳しさを貫いたことで私の人生が大きく変わりました。言わばこれが、人生のターニングポイントだったのです。

会社が組織となり、やっと、父の背中が見えた気がしました。

教育ではなく、プロデュース

さぁこれから、やっと父をギャフンと言わせる時代がやってくる！
そう思った頃、健康診断の再検査を受けていないことを思い出しました。
まったくもう。
忙しさを理由に、自分のことが後回しになっており、一年越しの再検査です。
後日、検査結果の封書を見て目の前が真っ白になりました。

私は子宮ガンになっていました。
ストレスを餌にガンは進行していて、子宮の全摘出を余儀なくされたのです。
病院では泣きませんでした。
この後、大事な会議が入っていたからです。
凛としました。
会議が終わり、帰り道の途中に、こんな事を思いました。

もう女じゃなくなるんだ……。

ああ。そうか。私はずっと、ずっとずっと、男に負けたくなくて、男が羨ましくて頑張り続けたから……神様に男にさせられるんだ。

そう思うと堪えてきた涙が溢れてきました。同時に、大きな不安に駆られたのです。

《私が頑張らなければ店は成り立たない》と。

私はずっと、エースで4番として走り続けてきたからです。私が店を休んだら、終わってしまうのは目に見えていたのです。


初めての長期入院でした。やっと歩きだした小さな子供から離れ、一人。家のこと、店のこと、お客様のことを考えると大きな不安や悔しさに押し潰されそうでした。

それでも私は、入院中も毎日休むことなくブログの更新をしました。ガンのことは伏せようかと悩みましたが、今まで通り真実を語り、等身大の私を綴る自分を選択しました。

書くことは、生きている証となっていたのです。


さて、復帰後のお店はどうなっていたと思いますか？

なんと、売り上げを落とす日が1日もなかったのです。むしろ、私のブログを見ていたお客様が《こんな時だから！》とたくさん来店してくださり、私が今までブログで紹介し続けていたスタイリストを指名してくれていたのです。

私が居なくとも、お店を守り抜いてくれたスタッフの顔を見たときは、本当に胸が熱くなるばかりでした。

私が積み重ねてきたことは無駄なことなんて何一つなく、今、起きていることすべてが私の軌跡なのです。愛を持って接していれば、社員は成長するのです。

任せることができなかった私が、彼らの成長を食い止めていたのだと気付かされました。


心機一転、私は社員教育をガラリと変えました。

社員を自分の理想像に育てようと思ったら、できないことに腹が立ったり、求めすぎてしまったりします。でもプロデュースだと思ったらその子の得意なことに目がいき、それを起点にどうすればファンがつくか考えることができるのです。

そうすれば、その子の5年後が想像できます。

想像できたら、一緒に未来へのビジョンを語り合うのです。

そう、育てるんじゃなくて、愛を持って引っ張り上げる感じ。

今の《わたし》

世の中に美容院は溢れていて、カットが上手い美容師だって溢れています。その中から私を選び、胸を高鳴らせて来店してくれるお客様に来店の理由を聞くと、こう言ってくれるのです。

《他の誰でもない麻由さんに会って、カットして欲しかったから》

美容師としての想いや努力に共感してくれる。社員教育に奮闘している姿を応援してくれる。子供の手を引いて、スーパーのセール品に走る姿に親近感を感じてくれる。

そう《わたし》の行動や想いのすべてが、一つの商品なのです。

だから、技術はもちろんのこと、自分に対しての美意識も必要です。そして、美容以外の情報も、そのための交流も。もちろん、しっかり家族を支える大きな愛も必要です。

24時間しかない中で、すべてを選ぶことは無責任ではないかと自分を責めたこともあります。でも、全部を含めて《わたし》なのだと気づきました。

これからの時代は、来店してからファンになってもらう努力をするのでは遅いと感じます。来店前から、その努力が必要です。毎日、手元の携帯の中に私が現れることは遠隔の接客と同じだからです。

まずは自分を見つけてもらう発信力。次に、【はっ】として、【なるほど】と共感してもらう伝える力。そして、大切なことはそれを継続させる力。たった数か月で結果なんて出ません。しかし、共感が継続すると、いつか必ずファンという存在が出てきます。

考えてみてください。どんなに人通りが多い場所で、素晴らしい商品を最高の資料を使ってプレゼンしても、どれだけの人が足を止めるでしょうか。それよりも、ファンに囲まれ、商品の説明だけではなく、その物への想いを伝える。どちらの商品が多く売れるのかは想像がつくと思います。

もちろん、発信をすればするほど、周りがやっていないことをすればするほど、リスクがあります。悔しい思いもたくさんあります。オンとオフなんてありません。今まで以上に時間が必要になり、精神だって体力だってすり減ることもあります。私も、子供の寝顔を見ながら何度涙を流したかわかりません。

女である以上、諦める理由はたくさん訪れます。それは時に武器となります。誰も太刀打ちできない武器です。だけど諦める理由を振りかざすより、続ける理由を探しませんか？

諦めてしまったら、これからの可能性に辿り着かずに終わってしまうのです。

今も尚、私は自分の伸び代や、可能性にワクワクしています。人がやらない、やれないことをするから、未来のお客様や未来の師匠に見つけてもらえるのだと、そう感じています。たとえ、高いお金でセミナーに通っても、どんな素晴らしい人と出会っても、その瞬間から自分をコントロールするのは自分です。

一人ひとりが【自分】という商品のオーナーなのです。

社員は、磨かないと錆びてしまうし、磨きすぎるとくすんでしまいます。だから社員にはまず、【自分】という商品の自己プロデュースする力をつけさせるのです。

そして経営者は、彼らが一番キラキラするポイントを微調節しながらマーケティングをする。これこそが真のチームワークであり、唯一無二の組織となり、会社となるのだと思うのです。

冒頭に話をした、仕事に生きる父、深い愛で人を支える母。

私にはふたりの血がしっかりと受け継がれています。私の使命は父を超えることではないと、気付かされました。私の使命は、私の存在で目の前の1人に感動を与え、幸せにし、人生までも変えて魅せることなのです。

そう、わたしの職業は《わたし》なのだから。

あなたへのメッセージ

女である以上、諦める理由はたくさん訪れる。

だけど諦める理由を振りかざすより、

続ける理由を探していくと、

ワクワクする可能性に辿り着ける。

中井麻由さんへのお問合わせはコチラ

何者でもなかったシングルマザーが
4人の子どものために
数々の試練を乗り越えてきた波瀾万丈人生

飲食業

中村由香理

株式会社ベグスジャパン 代表取締役副社長 COO

1974年生まれ。専門学校で秘書技能を取得し、20歳で就職。21歳で退職し、結婚・出産。26歳で離婚。その後、式場・大手飲食業・大手ＩＴ企業・商社勤務を経て2020年に独立起業。さまざまな企業に参入し、社外広報や営業支援、秘書業務など各社のニーズに合った分野で職務に就く。2022年、プラントベースの飲食を世に深く広げようとSDGsに賛同した「株式会社ベグスジャパン」最高戦略責任者CFOに就任。現在は代表取締役副社長として経営に携わる。

06:30　起床、朝食、簡単な家事を済ませる
08:00　出社
09:00　打ち合わせ
11:00　新メニュー試食
13:00　会議
15:00　店舗チェック&ミーティング
17:00　レポート、書類チェック
19:00　帰宅
20:00　夕食
21:30　入浴、洗濯や家事、明日の支度など
24:00　就寝

何者でもないわたし

わたしには4人の子供と2人の孫がいます。デキ婚に始まり、21歳で母親になったわたし。女の子を出産、年子で男の子も産まれました。

ところが、3人目を授かったとき、少しずつわたしの人生が変わりはじめました。「一姫二太郎、もう産む必要はない」義理のお母様からの強い意向でした。事業を営んでいたため、わたしも担い手の一人として必要とされていたのです。家事育児だけすれば良いわけではないと、厳しい価値観の方でした。

「これだから、サラリーマンの家庭で育った娘は甘いのよ」

そう言われ、両親にも申し訳ない気持ちになり、その晩、泣き腫らしたことが今でも忘れられません。

産むことしか選択肢のなかったわたしは、反対を押し切ります。妊婦は病人ではないのだから家業はしっかり手伝うという義理の母との約束を守り、結果、切迫早産で2か月の入院を経て、どうにか女の子を出産しました。

3人目の出産に伴い、とてもうまくいっていた暮らしは崩れはじめました。ストレスからお酒を飲むようになった夫のDVは、わたしだけでなく、幼い子供たちにまで及び、子供たちを連れて家を出たのは26歳の時です。結婚に反対だった両親に甘えることに引け目があり、自分で何とかしなくてはと、すべての責任を背負う決心をしました。

しかし、可愛い我が子を預けて働く勇気が持てず、最初の頃の生活は競馬やスロットとギャンブル頼り……。生きてさえいれば世の中なんとかなるものでしょうか。それで暮らせていたわずかな時期がありました。

ただ、このままボロアパートでこんな生活を続けていては、この子たちの未来が決まってしまう！　貧しい暮らしの中で気付くことができたわたしは、人生を大きく方向転換させていくのでした。

生活や生き方を変えようと気付いた途端に、たくさんの人の巡り合わせやご縁、ご好意が降り注ぎ、仕事に就くことができました。最初は結婚式場、そこでお声掛けいただき、大企業のコンベンションや企業セミナー役員対応の職を、またそこでお声掛けいただき商社へ。常にステップアップする環境に導かれ、わたしは素直に従い、挑みました。

商社ではプレゼンが採用され海外の開拓へ。英語のままならないわたしにとっては、とにかく大きなチャレンジでした。子供たちに必要なすべてを自身の稼ぎで賄いたいという強い気持ちから、受験生の子供たちと深夜まで参考書を開き、勉強をしながら約3年間シンガポール・マレーシア・中国を行き交い、月の半分を海外で過ごした時期もありました。

わたしは誇れる職に就き、学びはじめます。

そんなわたしに転機が訪れました。

養子を受け入れたことです。

鬱病が酷く、妊娠の事実を知らずにいたある女性は、身体の変化を感じ病院を訪れます。腹壁破裂、脳障害、皮膚病、生まれてきても障害者だろうと言われたその母親は、鬱病がさらに悪化しました。

それから3か月後、たった1300グラムで世に誕生したこの子は、ミイラのように骨に皮がへばりつき、毛むくじゃらでした。

現実を受け入れられなかった彼女は、この子の元を去ってしまいました。

生まれた瞬間に手術を受け、保育器で育ち、幾度も手術を繰り返し、必死に命を繋いできた子は、この女性の人生を救うためにこの世に生まれてきたはずです。

素晴らしい使命があるからこそ生かされている。

わたしは、彼女の代わりに母親になる決心をしました。


そして、その子はもう14歳。

知的な心優しい美しい女の子、わたしの愛してやまない娘のひとりです。


今まで養子であることを一切公にしてきませんでした。もちろん本人も知りません。

愛人の子でも産んで生活の面倒みてもらっているんじゃないの？　そう誤解をされたり陰口を言われたりするのは当たり前、よくあったことです。

なぜ、今ここでカミングアウトするのか。それはわたしの人生すべてが子供たちであり、家族であり、何より関わり寄り添う人だから。血の繋がりより、もっともっと深くて尊い関係性が人にはあると信じています。

わたしの生きる人生には、そんな有難い素敵な方々がその時、そのシーンにたくさん存在しています。今ではなかなかお会いすることも、連絡を取ることもなかなかない方であったとしても、感謝をお伝えしたい方々の顔を忘れることはありません。

また、何よりこの先、娘が不意にこの事実を知るよりも、タイミングをみて知らせることが必要だと考えてきました。進学や結婚などで、将来、戸籍を見て、いきなり驚かせてしまうなんてことのないように……。

そもそも、シングルマザーは職に就きづらい、ステップアップは難しいというのが世の中の摂理。なぜわたしがこうして働き続けてこられたか、その理由は正に人です。

24時間常に4人の子供たちの側に居ることはできない。ならばこの環境の中でわたしが出逢う人々に対し、愛する子供達に向ける母の気持ちで接しよう。きっとそれがわたしのいない場所で誰かから子供たちへ巡ってくるはず。そう信じて生きてきました。

シングルマザーのわたしのマイルール

4人の子を持つシングルマザーともなれば、働き詰めの毎日です。

寝る時間を削り、働いてきた日々の中で、わたしが絶対に守ってきたマイルール。

それは食事を主体とした生活の形です。

毎日のお弁当に冷凍食品は使わない。一緒に食事ができなくても支度をして仕事に出る。

時には往復2時間をかけて一度帰宅し、夕食の支度をしてからまた会社に戻ることもありました。

「ママの作ったご飯が一番美味しい!」そう言ってくれる子供たちへ、手間をかけて愛を込めて支度する。充分に時間を共に過ごせない寂しさや母として至らなさを愛情たっぷりの食事が埋めてくれるであろう。帰ったらママのご飯がある! そう思ってくれたらわたしが仕事に出ていても必ず帰宅してくれるはず。

身体は食べた物でできる。健康な身体は生きる資本。だからこそ食事に愛を注ぎたいと思ったのです。

そして、必ず掃除と洗濯も毎日欠かしませんでした。いつ誰が訪ねて来てもいいように、いつでもお友達を呼んでいいし、なんならお友達にも夕食を食べていってもらってもいい。きっとわたしのように働き詰めのママもたくさんいらっしゃるでしょう。

子供たちもお友達も、みんな寂しいなんて気持ちにはさせたくなかった。綺麗に整った我が家で過ごせば、きっと気持ちも晴れやかであろう。

そんな思いからずっと守ってきたマイルールです。

あなたにも心の中に決めてあるマイルールがきっとあると思います。

ひとりとして同じ環境や境遇の人がいないなか、子育ても働き方も何に対してだって正解なんてない。その時は必死過ぎて、ふとした時に後悔や自分の至らなさに苛まれ苦しい気持ちになることもたくさんありました。

きっとあなたにもそんな瞬間がおありかもしれません。しかし、そんな切なさもわたしを成長させるための感情だと、今ではポジティブに考えられるようになりました。

さて、これからご紹介するわたしの志事（仕事）は、そんなわたしの天命とも言える食に携わる事業です。

食の常識が変わる!?

■プラントベースフード「VEGs」のはじまり

SDGsが世に広く認知され、「フードテック」という食とテクノロジーを融合したワードは、食の未来をより身近な課題とし、フードロスや飢餓問題など、さまざまな社会課題を解決する糸口として注目されています。

人間の都合だけで作られて来た食生活の見直しや、新たな食の可能性について考える。そんな大切なテーマを掲げ、社長の熱い思いから「VEGs」は誕生しました。

ヴィーガンもベジタリアンも世界中に存在する食のスタイル。昨今では食に関する行動や考え方も多様化する時代です。宗教やアレルギー疾患といったやむを得ない理由がなくても、健康や環境に対する配慮から、意識的に動物性を避ける食事を送ることが注目されるようになりました。

そしてご存知の通り、食糧不足や飢餓問題に苦しむ国がある一方で、先進国のフードロス問題は深刻です。

■オールプラントベース

最近よく耳にする大豆ミート。代替え肉に求められているのは、良質で味の良いタンパク質。家畜に頼らずに、植物由来の原料でも、肉同様の栄養と味覚を兼ね備えていたら、安全安心な食の供給が可能です。環境という視点からも、食用に大量に飼育されている家畜は必要最低限の飼育で済みます。

また、人口増加に伴う動物性タンパク質の供給不足も不安視されています。肉や魚は有限な資源、供給量に限界があります。国連は地球の人口が2050年までに97億人にまで達するという予測を発表するなかで、プラントベースフードはそれらの代替品として「持続可能な社会」サステナブルな食文化を形成するといえるでしょう。

さらに、SDGsでも例に挙げられているように、牛のゲップによる温室効果ガスの問題は思っている以上に深刻です。牛1頭から1日あたり200~800Lのメタンがゲップとして放出されています。家畜の消化管内発酵に由来するメタンは全世界でCO_2換算すると、年間約20億トンと推定され、全世界で発生している温室効果ガスの約4~5%を占めていることは今や有名な話。そんな牛のゲップを減らすことにも、大豆ミートや代替肉がしっかりと役割を果たしてくれています。

とはいえ、日本のブランド牛は世界に誇る美食、最大のブランド。わたし自身も和牛が大好きです。決して動物性食品を取らないなんてことはできないのですが……。そして、プラントベースフードには脂質やコレステロールがありませんから、宗教上やベジタリアンなどの理由がない限りは動物性の摂取も必要です。

なので、例えば、ジムに行った日は大豆ミートにしよう！など、メリハリを付けて食を楽しめば、地球への配慮やSDGsへの参加に繋がりますよね。

身体へ及ぼすミラクルな影響はあちこちで発表されています。わたしがお勧めする『ゲームチェンジャー』（Netflix）はとっても面白いので是非参考に観てみてください。

最近よく耳にするのは、アスリートが試合前数か月をプラントベースフードのみにし、試合に向けて身体を整えること。今までなら赤み肉や鶏のささみで筋肉を育てようなんて感覚がありましたが、そんな食事の取り方はもう過去となりつつあります。

そのような方々にも役立つように、VEGsの食事にはエネルギー量だけでなく、タンパク質の摂取量も目安に明確化しています。知れば知る程、美味しくて栄養たっぷりなプラントベースフードを食べたい！なんて気持ちになりますよ。

すべては生きる糧になる

結婚式場で飲食サービスを覚え、企業で秘書能力を鍛え、コンベンションやパーティの企画からオペレーションを覚え、商社では開拓から戦略、勝てる営業ノウハウ、何より度胸を身に付けました。

何かになりたいと願ったことも夢みたこともなかった何者でもないわたしは、その時、与えられた職を楽しみ、あたかもそれを目指してきたかのように就き、努めてきました。

そして今、初めて絶対やる！　形にする！　そう思い携わっているベグスジャパン「VEGs」の食をテーマに世界へ発信するこの事業は、今までのわたしの歩んだすべてが役に立つと実感しています。

社長の志に導かれ、同じ心意気の仲間と出逢い、繋がり支え合って、みんなで一緒に地球を癒し守り継続していこうと考えています。

振り返ったら波乱万丈過ぎて、今となってはなんだが面白いって笑ってしまうわたしの人生。これからまたどんなドラマが展開するのか、わたし自身が一番ワクワクしているかもしれません。

今までわたしの生きるすべての原動力は子供たちへの愛でした。

子供たちが成長し、手を離れて行くたびにその力を失いそうで、ここ数年、不安になる自分がいました。わけの分からない寂しさや孤独を感じ、これから何のために、誰のために何を頑張ればいいのかわからないただの迷子状態。

年俸制でチャレンジしてきた会社員を卒業しようと決心したのは、そこから抜け出すためでした。働き通しの中で、子供たちの側にいつもいれなかったことへの後悔や、苦しいという心の奥底に漂う呪縛から、孫たちのサポートをいつでもできる環境を持つことで自分自身を救い出そうと思ったのです。

そして、何よりこれからは自分自身の人生も楽しみたいと思っています。

働く女性や母親としてだけではなく、わたしという個をもっともっと自由に、少しくらいワガママなくらいに体現して生きたい。

新東京ビル内にVEGs Deliが２０２２年11月11日にオープンしました。全国各地へバーガーショップの出店も進めていきます。

お肉不使用、化学調味料不使用で無添加。ソースに至る全てが手作りです。

また、人間の身体はたんぱく質で形成されています。身体を支える筋肉や骨、栄養を運ぶ血液、美しい皮膚や髪、食べた物を消化したり、エネルギーに変える時の酵素もたんぱく質の一種です。

PLANT BASED FOOD
『地球に優しいは身体に優しい』

VEGsでは大豆や野菜を中心とする食物本来の良質なたんぱく質や栄養素がたっぷり詰まった食事を提供します。

健康的な生活を持続可能な地球で送ろう！

そんな願いを込めて。

あなたへのメッセージ

働く女性や母親としてだけではなく、

「わたし」という個をもっともっと自由に、

少しくらいワガママなくらいに生きて、

人生を楽しもう！

中村由香理さんへのお問合わせはコチラ

自分のことは自分が一番わからない。仲間がいたからこそ気付けた漫画クリエイターという道

漫画クリエイター／漫画プロモーター

三浦真希

アトリエ miu 代表

1976年、大分県生まれ。42歳でフリーランスに。企業の漫画広告をはじめ、社内カタログや個人事業主のビジネスプロフィール、ライフストーリー、動画、グラレコ講座など幅広く手掛けている。本人が気づいていないその人の魅力や輝きを見つけ出して漫画にすることが得意。2020年にYahoo!ニュースに自身の育児漫画が取り上げられ話題となる。同年、アトリエ miuを立ち上げた。漫画歴は35年以上。脳の仕組みを使った願望実現メソッド「稼ぐ！ノート術」認定講師。ミセス和装美人コンテスト2021ファイナリスト。

06:00　起床
08:00　制作（4コマ漫画）
10:00　Zoom打ち合わせ
12:00　ランチ
14:00　制作（ビジネスプロフィール漫画）
18:00　夕食
20:00　オンライン講座
24:00　就寝

絶望感でいっぱいの20代

私は九州の山あいの町に生まれ育ちました。自然は豊かでしたが、子どもの少ない地域だったので、遊び相手がいない私はいつも絵を描いて過ごしていました。5歳くらいのときに、女の子の絵と服を描いて切り取り、紙の着せ替え人形で遊んでいたのを祖父が見て、とても褒めてくれたのを覚えています。

子どものころは今でいう「繊細さん」という性質があったと思います。家族の仲がそれほどよくなかったせいか、ちょっとした言葉をいつまでも気に病んだり、必要以上に心配したりする、どちらかというとネガティブな性格でした。

それが原因なのかわかりませんが、小学校、中学校といじめを経験します。昨日まで仲良くしていたお友達が今日はよそよそしくなり、クラスの女子から口をきいてもらえなくなる。だんだん人間不信のようになってきて、人と関わることが怖くなってきました。

にぎやかな同級生たちとは距離を置いて、教室の隅で絵を描いているような学生時代。写生大会や絵のコンテストではいつも賞をもらっていましたが、私にとって絵を描くことはごく当たり前で自然にできることだったので、それを特別だと思ったことはありませんでした。

高校生になると、ストーリーも考えるようになり、暇さえあれば絵を描いていました。

しかし、絵を描くことを仕事にしたいとは思いませんでした。それができる人はほんの一握りしかいないと知っていましたし、ファッションや美容など、もっと面白そうなものはたくさんあったので、少しずつ興味が移り変わっていきました。

仕事をするようになってからは、ほとんど絵を描かなくなっていました。


就職し、結婚しましたが、5年後に離婚。二人の子供を連れて再出発することになります。ところが私には、手に職も、有益な資格もなく、離婚直後から途方に暮れました。

仕事もお金も家もない。さらにやりたいこともわからない。ないない尽くしの自分に不甲斐なさ、情けなさを痛いほど感じました。今まで自分の軸で考えたことがなく、人の意見に左右されながら甘えの中で生きてきた自分を責め、これからの生活に不安しかなく、まだ小さい子どもにあたったり、過食したり、次第に心身の状態が悪くなっていきました。

周りはみんな幸せそうに見えて、自分だけがなぜこんな目にあうのだろうと悲観的な気持ちになりました。周りから自分はどう見えているのかと不安に駆られるようになり、怖くて外に出られなくなりました。

今、振り返ってみると、軽いうつ状態だったのだと思います。私は幸せになれないのだという絶望感でいっぱいでした。

そんななかでも、日々子供は成長していきます。想像もしないようなことを言ったり、時には笑わせてくれたりしました。今この瞬間しかない子供の成長、言動を何かの形で残しておきたいという考えが出てきました。そこで思いついたのが漫画でした。

彼らのやったこと、言ったこと、私が感じたこと、オチもつけて四コマ漫画で記録する。それがだんだん増えていくにしたがって、かつて絵を描くことが楽しくて仕方がなかったころを思い出しました。

そうするうちに、次第に仕事に対する意欲も湧いてきました。子どもの将来のためにも稼がなければいけない。しかし、私には資格がない。子どもが小さかったのでフルタイムで働くことができず、そこでもジレンマに悩まされます。

当時の私の自己価値はとても低く、自分をとても小さく見積もっていました。私はどうせこれくらいだ。私にできることは少ない、役に立たない……。消去法で選んだ仕事は、生活のためのものでした。楽しいわけではありませんでしたが、他に方法がない。

今となっては、家庭環境やいじめで傷ついた経験から、かなり自分に制限をかけていたのだとわかります。

人生を変えた小さな一歩

私にはこれくらいしかできない、と思いながらも与えられた仕事をするなかで、自分の場所や、ある程度の地位を確立していきました。勉強して資格を取り、希望していたポストにも就くことができました。表向きは充実しているように見えていたと思います。

でもそのころから、私はこんなことをしていていいのか？このまま一生を終えるのか？と考えるようになりました。時折目に入る、自分のビジネスで楽しく稼いでいる人がうらやましくて仕方ありませんでした。

私も自分にしかできない仕事をして豊かになりたい。人の役に立ちたいと強く思うようになり、私にとっての天職はなんだろうと考えるようになりました。

そんなタイミングのとき、子供の進学の関係で県外へ引っ越しすることになり、思いがけず会社を退職します。全く縁もゆかりもない土地での生活。すべてが白紙状態でした。

さあこれからどうしよう、という開き直りと不安が入り混じった、何とも言えない気持ちで過ごしていたある日、ふとオンライン講座の案内が目に入りました。

「LUCKの法則」という名の通り、運をコントロールして自分の好きなことで活躍し富を得たいという人に向けたものでした。まさに私が求めていたもので、やりたい気持ちでいっぱいでしたが、引っ掛かったのが受講料でした。今まで自分にお金をかけてこなかったので、そこに抵抗がありました。したことがない投資額でもあり、悩みに悩みました。しかし、今これをやらなかったら何も現実は変わらない。今までと同じ。それは嫌だ。なんとしても自分を変えるという思いで、その講座に飛び込んでみました。

それが、人生を変える第一歩になりました。

講座はすべてオンライン。パソコンに苦手意識があった私は、置いていかれないように必死でした。使ったこともないソフトをインストールし、使い方を調べ、時には仲間に助けてもらい、どうにかついていっている状態でした。

毎月の課題に取り組み、仲間と励ましあいながら講座は進んでいきました。時々、やっぱり私には何にもないと投げ出したくなる時もありましたが、ここで終えるわけにはいかない、あれだけの投資をしたのだから必ず実になるものを得ようという思いだけでした。

自分の強みを見つけるための深掘り、成功体験や勝ちパターンを認識すること、いろいろなワークで自分を見つめなおしていく過程において、それでも私は何ができるのか、何をやりたいのか、今ひとつわからずにいました。講座は終盤に差し掛かり、私は焦っていました。目標としていた、自分自身のサービスがまだ見つけられずにいたからです。

そんなとき、仲間の一人が本を出したいと話してくれました。彼女の夢を明確化するためのセッションで、ふと、漫画を入れたらいいかもしれないと思いました。そして、彼女に何気なく自分の描いた漫画をシェアしたところ、驚きながらも「こういうものが欲しかった！」と言ってくれたのです。

私は絵が描けることを仲間には言っていませんでしたし、自分の強みのところにもあげていませんでした。なぜならそこに価値があると思っていなかったからです。自分にとっては当たり前のことでしたが、それを見つけてくれたのは仲間でした。

「自分のことは自分が一番わからない。だから仲間が必要なのだ」ということをこの講座に入る前に聞いたことを思い出しました。それはまさに、仲間のおかげで自分の能力を世に出せた瞬間でした。

これは価値提供になると思った私は、講師の後押しも受け、講座終了までに自分の漫画をコンテンツ化して出そうと決めました。それは広告漫画でした。

仲間にも売り出したい自分の商品やサービスがある。それを応援したいという思いもありました。私の絵が、漫画が、人の役に立つ。いままで自分には何もないと思っていたけれど、持っていることに気づかなかっただけ。そのことが一番衝撃的でした。

新たな挑戦と試練

新たな挑戦は大きな変革から始まりました。それまでの紙とペンというアナログな手法からデジタルへ移行すべく、タブレットとタッチペンを購入して、昔描いた四コマ漫画をデジタルに起こす練習からはじめました。

やり方を探りながら描いていくため、最初は一枚描くのにもとても時間がかかりました。けれど限られた時間でコンテンツまで作らないといけなかったため、ただただ必死でした。慣れるまでにはそれなりに苦労しましたが、自分の絵が違ったカタチになっていくことは時を忘れるほど楽しいものでした。

漫画広告のコンテンツが完成し、いくつかのプラットフォームに度胸試しのつもりで出品してみました。すると、格安で出したこともあり、あっさりと購入されたのです。

それが私のブロックが外れるきっかけでした。自分の絵が、漫画が売れる。そして喜んでもらえる。信じられないけれど嬉しい気持ちでいっぱいでした。こんな私にも提供できる価値がある。自分に少し自信が持てて、暗いところを手探りで前に進んでいる気持ちに、希望の光が差し込んだ気がしました。

起業して、自立した女性として自分の腕一本で稼いでいきたい。

ずっと憧れていた夢が現実になるかもしれない。

そんな時、高校一年生だった長男が突然不登校になりました。朝起きることができず、一日寝てばかりで、何をどう言っても聞く様子がありません。こちらのいうことに対して急に怒り出したりして、どう接すればいいのか全く分からなくなりました。

ひとりしかいない親である私に全責任がかかっている、プレッシャーや焦りで心がぎゅうっと小さくなった気がしました。自分の腕だけで稼いでいくという夢が叶うかもしれないというそんな時に、またしてもやってきた試練。

神さまに試されているのかもしれないと思いました。

いろいろな本を読んだり情報を集めたりするなか、原因は私にあると感じました。

そこで、不登校の家族対象のカウンセリングを受けたり、占いやヒーリング、過去の自分を癒すセッションなど、あらゆる方法でどうにか解決策を見出そうとしました。

しかし、焦燥感ばかりで物事は進展せず、だんだん疲れてきました。

当時の親子関係は最悪でした。

一方、仕事のほうでは、ある企業とのご縁で、新規サービスのカタログに私の漫画を使っていただくことになりました。嬉しい反面、ここでも不安がやってきます。私にできるだろうか、先方に気に入られるようなものが作れるだろうか。

また、今後どのようにして仕事を展開していけばいいかというところでも悩むようになりました。一時的でなく継続的に収入を得ていくにはもっと別のアプローチが必要なのではないかと、毎日いろいろなものから情報を得ようと必死でした。

私には軸となる自信がない。特別なスキルがあるわけでもない。何もかもが足りない。もっともっと身につけなければならない……。

そんな風に思っていたとき、またしてもターニングポイントが訪れます。

ある方との出会いでした。

「稼がせ屋」という異名を持つ彼女は、ビジネス戦略のコンサルタントでした。ご自身の人生を変えた経験から、多くの人の人生を豊かにするというお仕事をされていました。

このときの私はまだ自分の軸がなく、この人なら私の悩みを解決してくれる、助けてくれるかも、とやはり他力本願な思いがありました。しかし、それを察した彼女は、自分の力でできることを伝えてくれました。自分で世界は変えられるんだということを知る、そして変えられた自分に自信を持ってほしい。彼女はいつもそう言っていました。

そんな彼女のコンテンツでもある願望実現の講座を受けた私は、文字通り自分でできるんだということを体感しました。受講して1か月もしないうちに、一つ桁の大きい仕事の依頼が入ってきたのです。自分で自分の夢を叶えることができる。それは、40年以上生きてきて今まで体験したことがないものでした。

感動した私はすぐに、その講座の魅力を漫画でご本人に伝えました。それは純粋に、絵を再開するきっかけとなったのと同じで、こんな素晴らしいものがあるということをみんなに知ってもらいたいという思いからでした。

彼女はとてもそれを喜んでくれて、ご自身の教材に使いたいと言ってくださいました。

尊敬してやまない方のお仕事に携わることができる。夢のようなお話でした。

あなたの可能性は無限大

それから2年経った今、一度ご縁を持ったクライアントさんが私の仕事をほかの方につないでくださり、すこしずつお仕事の幅が広がってきました。最近では絵を描くことだけにとどまらず、動画を作ったり、絵を身近に感じてもらえるような講座を作って、その魅力をお伝えしたりしています。講師として何かを伝えることができているなんて、想像もしない世界にやってきています。

また、不思議なご縁でコーチングや美容などいろいろなジャンルのお仕事をするようになりました。そこでつながったご縁を通してまた別の方につながり、お仕事とともに交友関係も広がりました。定期のお仕事もいただくようになり、安定した収益を出すことができるようになりました。

たくさんの方と素敵な出会いがあり、チャレンジする機会に恵まれながらここまでやってきました。どれひとつとっても、かけがえのないスペシャルなご縁です。

「豊かになるには人間関係を変えること。お金は人が運んでいるから、人間関係が変われればお金のステージも変わる」と、恩人となった彼女はよくおっしゃいます。それを私自身体験することになりました。

長男はずいぶん迷走しましたが、今は自分の場所を見つけて楽しんで生きています。渦中にいたときは出口のないトンネルにいるような気持ちでしたが、私自身が彼に執着して彼の人生を自分の思うようにしようとしていたことがわかり、それを手放したことでとても楽になりました。学校に行かないと、安定した仕事に就かないと、という不安でがんじがらめになっていた自分の概念を、もういいやと捨てることができた。その感情、思いを断捨離するために、こういうことが起こったのかもしれないとも思いました。

かつての私は自分に多くの制限をかけていて、本来の輝きやポテンシャルが出ないようになっていた、また出さないようにしていたのだと今はわかります。一歩ずつですが、自分の快適領域を突破しながら新しいステージで自分自身に向かい、苦しみながらも心を整えてまた次のステージに行く、その繰り返しだけやってきました。

人生どん底だった時期を過ごしてきたからこそ今がある。そう思うと、自己価値の低かった子供時代や離婚、仕事へのコンプレックス、長男の不登校すらも、本当に必要なものだったのだと感じます。

私には価値がないと思い込んで、ブレーキをかけていた自分、人と比べて落ち込み、自身のことが好きでなかったかつての自分を、いまは抱きしめてあげたい気持ちでいます。

今はつらくて光が見えない方、かつての私のように苦しい状況にいる方、いろいろな方がいらっしゃると思います。長い間自分の気持ちを置いてけぼりにしてきた私は、自分が何を望んでいるのか、何がしたいのかもわかりませんでした。

しかし、ひとつずつ好きなものを集め、嫌いなものを知って、自分がよしとするもの、そうでないものと分け、自分という形を取り戻してきました。

いつからでも遅くはない。あなたはあなたをずっと待っていると思います。

私は小さな自己投資からすべてが始まりました。入ってきているお金や情報、人脈が見えないとき、私には何にもないと信じこんでいました。だからこそ不安だらけでした。

でも、そこでリスクをとってチャレンジすることで変わることができた。

自分の天職で生きたいという信念と可能性に賭けてみて、現在に至っています。

あなたにはものすごい価値と無限の力があって、生きているだけで誰かの役に立っている、可能性しかないとお伝えしたいです。

人生を変えるきっかけは、意外なところにあるかもしれません。

あとは、あなたが勇気をもって一歩踏み出すだけです。

あなたへのメッセージ

ひとつずつ好きなものを集め、

嫌いなものを知って、

自分がよしとするもの、

そうでないものと分けていくことで、

「自分」という形は取り戻せる。

三浦真希さんへのお問合わせはコチラ

奇跡の出会いの連続で生まれた唯一無二の空間！自由な発想で概念を壊し続けるオリジナルの生き方

セレクトショップ＆ BAR ＆宇宙船型パーティープレイス経営

道下星

Braiha 代表　予感／ Hunch オーナー

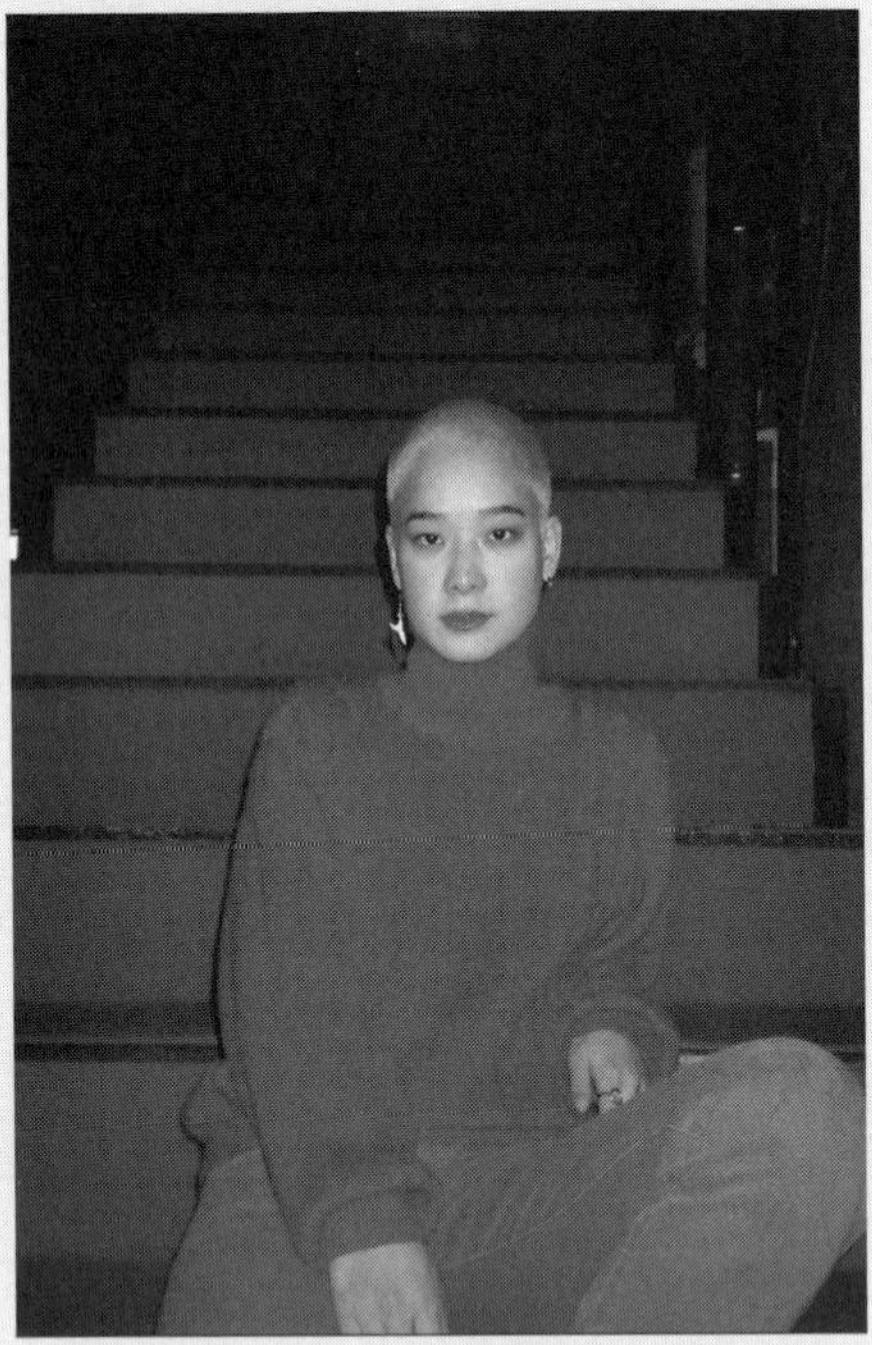

1994年、横浜出身。明治大学卒業後、学生時代から携わっていた輸入物販の会社に2年就職したのち独立。買い付け先開拓のためデンマークに移り住み、インテリアデザインを学びながら、独学で服作りを始める。その後スコットランドに移動し、現地で働きながら1か月ごとに住む地域を変え、蒸留所を周りレアモルトを集める。その過程で出会った方から大量のヴィンテージコレクションを買い付け、オンラインショップを開設。2021年5月にセレクトショップ・バー・イベント・パーティースペースが一体化した空間、予感/Hunchを代々木八幡にオープン。

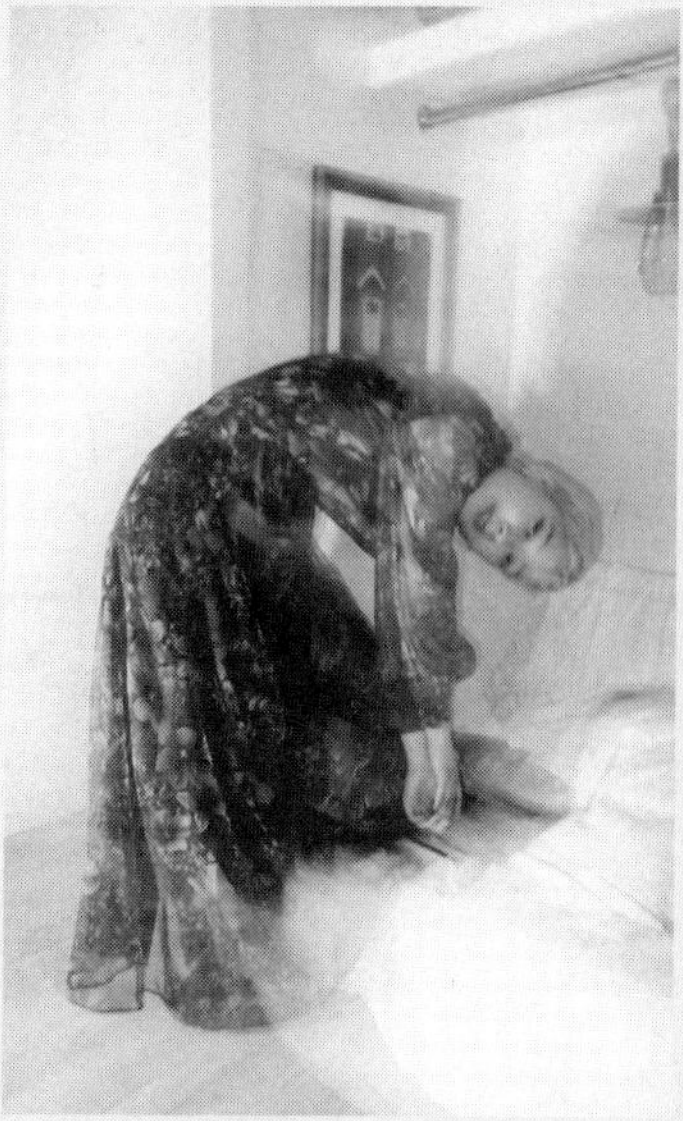

08:00　起床
09:00　植物を太陽に当てる、散歩
10:00　掃除、整理整頓
11:00　SNS更新、パソコン業務
12:00　プールなど運動や趣味の時間
13:00　食事、買い出し
14:00　オープン準備
15:00　店舗オープン
24:00　店舗クローズ、片付け
25:00　就寝

働くとは、哲学して生まれたビジョン

「働ける年齢になったらバイトをする」が兄や姉がやってきたことだったので、私も中学卒業後、アルバイト禁止だった学校に通っていたにもかかわらず、こっそりレストランでバイトを始めました。不器用で初めてのことだらけの当時15歳の私は、何度もお皿やグラスを割り、バイト先の方々にたくさん迷惑をかけたのを覚えています。

初めての働くという経験に、右も左も分からない中、必死に仕事を覚え、毎晩のように泣きながら続けた地獄のような最初の3か月が終わると、少しずつ仕事に慣れ、時間と共に、一緒に働く大学生や社会人の方々と肩を並べて働けるようになりました。

それから受験勉強が始まるまでの約2年間、稼いだお金には一銭も手をつけず、毎月通帳に働いた分だけの金額が振り込まれることが楽しみでした。

高校を卒業する頃には100万円の貯金があったので、大学に入学してからは、バイトを一切せず大学生活を満喫しました。野外フェスを作る学生団体に所属し、広報部門の代表に就任。イベント会社のようなことを学生ながらにやっていく活動が楽しくて、その活動に熱中してあっという間に1年が経ちました。

1年間働かず貯金を切り崩していたので、100万円はほとんどなくなり、そろそろまたバイトをしないとなあと思い始めました。しかし、15歳で既にレストランでのバイト経験があったので、高校生の自分でもできた仕事を大学生になってやりたくはないと思い、あえて探さず、日々の活動や出会いのなかで自分に合う仕事が見つかると信じ、機会を待っていました。すると、フェスの広報活動で出会った大人の方に連絡がまめなことを褒められ、「そんな君に合うバイトがあるよ」と願ってもないお話が舞い込んできたのです。

一人で運営している副業のお手伝いとだけ聞かされ、浅草橋の「倉庫」と呼ばれる場所へ行くと、そこはナイフやアウトドア用品、よくわからない部品がたくさんある小さな事務所でした。私に任された仕事は、輸入されたマニアックな商品をひたすら調べ、詳しい説明文を書き、オンラインに出品するというもので、小学生の頃からブラインドタッチやパソコンの扱いが得意だった私には天職でした。

出来高で給与が決まるシステムで、出品すればするだけ貰えたので、学生団体の活動で忙しくしていながらも夜は寝ずにひたすら出品していました。ある程度、出品業務を終えると次は販売戦略を教わり、売上と利益を上げることでインセンティブが貰えるようになりました。ビジネスを学びながらお金を稼ぐことができるという非常に有意義な環境下で、順調に売上と利益を伸ばすことに成功。一人の人が始めた副業は一つの会社になりました。

その頃から私は既に就職という選択肢に興味がなくなり、独立したいと考えるようになっていました。また、この頃から近所のバーに通うようになり、そこに通うクリエイティブな世界の大人たちと出会うことで、だんだんと「お金稼ぎ」にしかフォーカスしないこのビジネスに疑問を抱くようにもなりました。

私が社長の代わりにほとんどの業務をできるようになると、社長は本業である物販事業は私に任せきりで、情報商材を売るようになりました。そうなってくるといよいよ、このビジネスの存在意義がわからなくなってしまったのです。

元々はニッチな市場に参入し、大手ができないマニアック、かつ買い付けが難しい利益率の高い商材を売るという興味深い商売だったのが、いつの間にか薄利多売で売上を上げてキャッシュフローを回すことばかり考えるストレスフルな仕事になっており、もはや楽しく働くことができなくなっていました。

下を育ててから辞めてほしいという社長の願いを叶えるため、すぐに独立したい気持ちを抑え、大学卒業後2年間その会社で働き続けました。

その間、近所のバーに通ってはさまざまな業種の大人たちを見て、私が本当にしたい働き方とは何なのか、と自身に問い続けていました。会社の方針に納得していなかったため、もっと自身が誇れることを仕事にしたいと考えていました。

海外へ、新たな挑戦と奇跡の出会い

会社でやっていた、リサーチして需要のある商材を見つけて売るというビジネスは確実に儲かるかもしれませんが、自分自身の感性や能力を活かしているとは思えませんでした。「私にしかできない仕事がしたい」と考え、独立後は独自の仕入先を見つけるため、何のツテもない海外に一人で乗り込みました。

滞在先にはヴィンテージインテリアや社会の在り方が気になっていたデンマークを選びました。現地買付自体も全くの初めてであったため、まずは現地で生活して繋がりを作るために、フォレスホイスコーレという北欧特有の教育機関に入学しました。

ここは高校を卒業後、大学や就職を決める前に、または一度社会人を経た人が興味のある分野で自身の適性を試すために通う機関であり、さまざまな専門的な分野の実技を数か月~半年タームで学ぶことができる全寮制の学校です。

そこで私はインテリアデザインを専攻しました。その学校には他に建築科、グラフィックデザイン科、服飾科があり、専攻以外のクラスを受講したり、放課後に好きなアトリエで自由に作品を作ったりもできる充実した環境がありました。

何の制限もなく整った環境で、ひたすら自身のクリエイティビティと向き合う時間は私の頭を柔軟にし、表現というものに対して心をオープンにさせました。

学校が終わると、ビザの切り替えで3か月間国を出なければいけない期間があり、兼ねてから興味があったスコットランドを旅することに決めました。というのも会社にいながら物販だけのビジネスにリスクを感じており、独立するにあたって何か組み合わせることができる要素が必要だと考えていたからです。

好きなことを掛け合わせるのが良いと考え、毎晩バーに通って飲んでいたウイスキーに着目しました。知識も経験もない私が、今目の前にいるバーテンダーに並ぶには？と考え、彼らにない自由という強みを使い、現地を経験し、そこでしか入手できないウイスキーを集めたいと当時から考えていた密かな計画を実行しました。

蒸留所は田舎や僻地にあり、一口に蒸留所を回ると言ってもそう簡単ではないので、1か月ごとに住む地域と仕事を変え、南から北まで旅をする計画をしました。

まずは南部でベビーシッターをしました。到着早々に子供達が熱を出し、私まで病で倒れたりしながら臨機応変に対応していたら、その分まとめて5日間の休みをもらったので、ペーパードライバーでありながら車を借りてウイスキーの聖地を巡る旅をしました。

初めての蒸留所体験はその香り、景色、すべてに興奮して、未だに人生の中の忘れられない一つの経験となっています。いつか思い描いた夢がこうして目の前に叶っていることに感謝しながら、可能な限りの蒸留所を回って限定酒を集めていきました。

次の目的地は北部、好きな蒸留所があるブローラという街を選びました。ハウスキーパーの仕事だったのですが、怒涛に流れ出てくるスコティッシュアクセントの英語で仕事の説明を一気に受け、家主の留守中に言われたことを全部こなさないといけないという難易度の高い仕事でした。当時、大卒レベルの読み書きしかできず、英会話が全く得意でなかった私は何度も細かいミスをして、忙しい家主とのコニュニケーションも不十分であったため、お互いにとって居心地の悪い空気が流れる数日間を過ごしました。

せめて誠意だけでも伝えようと、理解している仕事内容をすべて書き出して家主に送りました。メッセージはしっかりと家主の心に届いたようで、すぐに返事があり、その晩二人で初めてお酒を飲みながら会話し、お互いの理解を深めることができました。

すると、彼女が家の隣に大きなビンテージショップを持っていることを教えてくれたのです。次の日、早速お店を見せてくれ、そこに並ぶコレクションに私は胸を打たれました。

これまでヨーロッパの古着屋を回る中で、デザインは良いけれど、どれも状態が悪くどうも買い付けには向いてないなどと考えていたなか、彼女のコレクションはどれも驚くほど美しく、品質も状態も良く、明らかに特別なものでした。

話を聞くと、本来古着の買付は業者から卸で買うのが定番ですが、彼女は絶対に業者からは買わないというポリシーの元、12年間ひたすら個人宅や地方のショップを回って持ち主に大事にされてきた特別な品のみを1点1点集めてきたというのです。しかし、背中の怪我が原因で2年間お店を開けられず、家賃だけ払い続けており、それももう続かないので、来月にはすべて業者に売り払うしかないと悲しそうに話しました。

仕入先を常に探していた私は、話を聞きながら心の震えを止められず、ここにきた訳、想いを拙い英語で熱弁しました。途中から我々は言葉もいらないほどお互いの存在が出会うべくして出会った奇跡であることを実感していました。

買い付けにあたって、帰国せずにできる販路を確立しないといけませんでした。以前からオンラインでの洋服の販売について考えており、モデルとして起用したいアセクシャルの友人がいました。中性的なルックスの彼をモデルに、洋服に対する「男女」という概念すら壊すブランドを作りたいと考え、声をかけ二つ返事で承諾をもらい、滞在期間が残り2週間という短い中で400点超えの品を買い付け、ウェブショップ開設、採寸梱包発送等、仕事終わりほぼ寝ずにやりました。やりたかったことの実現というワクワクで興奮していたので、ノンストップで動き続けることができたのだと思います。

コロナ禍で変わる運命、お店の誕生

その後、デンマークに戻り、ワーキングホリデーで1年と数か月過ごし、音楽が好きだった私は現地のフェスやクラブを経験。ヨーロッパのパーティー文化・音楽に没頭しながら、日本であまり馴染みのなかった電子音楽の素晴らしさに気づき、楽曲制作なども趣味でしながら異文化での生活を楽しみました。

帰国する頃には、英語を本格的に習得したいと考え、またフォレスホイスコーレでの服作りの楽しさが忘れられなかったので、ロンドンの服飾大学への留学を考えていました。

しかし、コロナ禍で入学は延期となり、このまま延期ばかりで日本で仮暮らししかできないのはもったいないと考え始めました。当時は買い付けてきた商材をウェブショップやポップアップショップで販売することで生活していましたが、「留学は何歳になってからもできる。今若いうちに日本でビジネス基盤を作ってから余裕を持って留学する方が良い」と考え、日本を出る時期を思い切ってずらし、店舗用の物件を探し始めました。会社にいた頃から密かに思い描いていたヴィジョンをついに具現化する時がやってきたのです。

店舗を探しながら、都内と大阪でポップアップを何度か開催しました。単に商品を並べただけのポップアップでは面白くない、またコロナ禍で待ちの姿勢でお店をやっても集客が難しいと思ったので「動的なお店」というコンセプトで毎週、科学者や俳優、画家、デザイナーなど全く違う業種の友人をゲストとして招き、店内でトークショーをしたり、映像作品を作ったり、ライブドローイング、グッズ制作など、代わる代わる何かが起こるような仕掛けを用意しました。掛け算で多くの人を巻き込む×2020という名前のポップアップは大成功を収め、その繋がりから生まれた縁は今に至るまでさまざまな形で発展しながら続いています。

全く新しい感性のお店を作りたかったので、妥協しない物件探しは難航していましたが、友人が繋いでくれた縁で、ついにやりたいことが全部実現できる物件を見つけました。

この半年間で、生まれた新しい交友関係の中に、内装をお願いできる信頼できる仲間も見つけており、彼らにお店のコンセプト、頭の中のイメージを伝え、彼らの感性やつながりを活かした特別な空間が生まれました。帰国からお店ができるまでたったの1年でした。

海外から帰ってきて環境も友好関係も一新したなか、必要な人々に出会い、再会し、頭の中にあったイメージを現実に生むことができたのです。ある意味スムーズすぎるほど途中からトントン拍子に物事が進んでいくので、まるで夢の中を生きているような感覚で毎日を過ごしていました。このスピード感で一つのビジネスモデルを具現化することができたのは、常に新しいことに挑戦してきた経験とどんな時も自身に問い続け、築き上げてきた哲学とビジネスビジョンがあったからだと思います。

自分自身の人生経験とインスピレーションを信じ、一切妥協せず、その時その時の最善を選び続けた結果、『予感／Hunch』という唯一無二の空間が生まれました。

内装工事を進めながらも、創業のために公庫から融資を受け、商品を集めるためにコロナ禍でも再び買い付けにいく必要がありました。そのすべてを同時進行で進めており、融資も買い付けも最後まで成功する確証がなかったので一時も安心はできませんでした。しかし、その時出会う人々がその時々で必要な人々だったので、物事が正しく進んでいるという感覚があり、それをただ信じてまたもやノンストップで動き続けました。

コロナ禍の買い付けは決して簡単なものではありませんでした。スコットランド、ロンドン、デンマークを周るために9回受けたPCR検査だけで15万円！　国を跨ぐたびにルールが変わるため、1つでも書類や事前準備を間違えると入国できないというストレスの中、途中トラブルはあったもののなんとか無事に遂行しました。

帰国後、最後の自由な時間を使って国内も旅し、その全移動を計算すると約3万キロを2か月間で移動したことになります。あらゆるストレスが一気にのしかかり、身体を壊しながらも、こうしてさらなる試練たっぷりの店舗経営が幕を開けました。

オリジナルを極める理由

二十代前半の頃、指標としていた経営者が27歳でお店を持ったという話を聞いて以来、私の中に27歳という数字がありました。そして、その年齢で実際に店舗を持つことになりました。思い返してみてもかなり特殊な道のりでここまできたと思います。常に可能性を最大限に生きていきたいと考えているので、自らそれだけに焦点を絞り準備をしてきたわけではありません。人々との出会いと自身の感覚を大切にして、その時々のインスピレーションに従って経験を得にいく、違和感のあることはしないという生き方を徹底した結果、気付けば当時思い描いた未来を生きていたという感じです。

現在、セレクトショップとバー、イベントパーティースペースが一体化した複合施設を運営していますが、実はその中のどの業種でも働いたことはありません。自身の経験と能力を活かし、作り出した私にしかできない空間・天職がここであると考えています。

女性一人でこれらすべてをやっていると言うとよく勘違いされることがありますが、私はこれらすべてを何の後ろ盾もなく自力でやっています。私にとってこの空間は単なる「ビジネス」ではなく、すべてを賭けた私自身の人生そのものであると言えます。

十人十色と言いますが、一人ひとり特技や能力、気質や感性が違うのだから、それを最大限に活かした生き方は、人間の数だけあると思います。職業というものが人々にとって一種の表現となったら面白いと思い、私自身がそのような生き方をしています。それぞれの唯一無二を極めた先に新しい価値観や世界観があり、世の中の古い常識や固定概念を壊し、誰かにとってのインスピレーションとなると信じています。

私の周りには既に子供を産み育てている友人、会社に勤めプロフェッショナルに働く友人などそれぞれの生き方をしている多くの尊敬すべき友人達がいます。みんながそれぞれ私の夢を叶えてくれていると感じています。だからこそ私は、自分自身の生き方に熱中することができます。何が正解とか何が素晴らしいとかはなく、一人ひとりが独自の人生を歩むことで、誰かの夢を叶えながら生きていると考えています。

文化の継承という意味でもこの空間は存在しています。コロナ禍で消えてしまった、人と人が対面で繋がる空間や機会を決して絶やしてはいけないと思いました。文化こそがこれからの時代を作り、若者の世界を豊かにし、明るい未来へと繋いでいくと信じています。

この空間が、人と人を本当の意味でつなぐ媒体となり、文化を作り、継承していくことができたら、そんな思いと共にこの場所を存続させていくという強い意志があります。

自身で人生を切り開いていくことは決して簡単なことではありません。常に目の前に迫る試練を乗り越えていく必要があり、自身の未熟さや弱さと向き合い続ける修行でもあります。誰かが道標をしてくれるわけでもなく、常に孤独や不安との闘いで、いつだって放棄してしまいたい衝動に駆られます。

それでも、私自身ががむしゃらに不恰好にも妥協せず、オリジナルの生き方を追求していくのは、それがリスクを取ることも厭わない私自身の気質を活かした私にしかできない生き方であると思うからです。

好きな服を着て好きな髪型ができる時代、女性も男性も関係なく自由にこの世界を、魂のまま全うできる時代だと感じますが、まだまだ未熟な社会で生きにくさを感じざるを得ない時代でもあります。だからこそ我々は目の前にいる人と、人生を共有し合い、励まし合い、時に癒し合いながら生きていく必要があると思っています。

これからも自由な発想であり続け、概念というものを私なりに壊し続け、たくさんの仕掛けを用意しながら自分にしかできない空間を作り上げていき、その空間に集まる人々と癒しあい、背中を押し合って共にこの世界を生きていきたい、そんな気持ちでいます。

この宇宙で人と出会い、お互いの世界や体験を共有できるのは喜びに満ちた奇跡そのものです。出会いのある世界に、そして関わってくれる皆様に感謝の気持ちと愛を込めて。

あなたへのメッセージ

人々との出会いと

自身の感覚を大切にして、

その時々のインスピレーションに従って

経験を得にいく。

違和感のあることはしないという生き方を

徹底することで

過去に思い描いた未来を

生きることができる。

道下星さんへのお問合わせはコチラ

倒産寸前だったフルーツ屋を引き継ぎ V字回復させるまでの事業継承ストーリー

フルーツ専門店経営

森谷典子

有限会社森谷 Fruits moritani
代表取締役

1980年、島根県生まれ。島根県益田市でフルーツ専門店、フルーツ焼菓子を販売、Caféでは華やかなフルーツパフェやサンドなどを提供する会社を経営。夫の家業を継いで4代目。小学生3人の子育てと認知症の母の介護をしながら、ライフスタイルの変化の激しい女性達が働きやすい会社を目指している。関わるみなさんが唯一無二の自分自身を表現できる笑顔で輝ける場所を作りたいと日々奮闘。子育て応援・起業応援・地方創生・フルーツ業界の底上げを図るための協会設立準備など精力的に活動中！

03:45　起床・メイク・家事
04:30　大学授業・経営の勉強しながら朝食準備
06:30　子どもたちの朝食
07:30　子どもたちを送り出し後、認知症の実母の朝食準備へ
09:00　母をデイサービス見送り後出勤
17:45　実家の母の夕食準備＆投薬・帰宅
18:30　夕食
21:00　子どもたちと一緒になるべく就寝！

ヤングケアラーだった子供時代から結婚まで

■社長になりたい！

小学生の時の夢でした。代々医師の家系に生まれた私がなぜそのようなことを思ったのかは定かではありませんが、強烈に刻み続けたのは確かです。

小学4年生10歳の時に、父が脳卒中で倒れました。42歳、働き盛り。一命は取り止めましたが、半身不随となり車椅子生活を余儀なくされました。

状態は年々悪化。晩年は寝たきり、24時間自宅介護でした。母と三姉妹で大人の男性を介護するのは簡単なことではなく、入浴介助、昼夜問わず行う腹膜透析。容態が急変して救急車を呼ぶことも数知れず。この生活は10歳から23歳まで続きました。

まさに今でいう「ヤングケアラー」です。当時はそのような言葉はなく、介護は家族が行うのがあたりまえ。両親の友人たちが手を差し伸べてくれましたが、社会全体、学校でも理解されることはなく、悔しい思いもたくさんしました。

家計を助けるために、高校卒業後は大学進学せず、介護しながら働くことを選択。

最期は、家族全員で父を看取りました。息を引き取る瞬間、父の右目からひとすじの涙が流れました。今でも昨日のことのように思い出します。悲しみよりお疲れさま、という気持ちで、笑顔で見送りました。

■父が与えてくれたもの

それは生き様でした。不自由な体で妻と娘たちの介護により生きていくのは、想像を絶するほどの葛藤があったことでしょう。人望も厚く、良い人の代表だった父がなぜ13年間も闘病生活を送らなければならなかったのか。思い出すと今でも胸が痛みます。家族も精神的にも金銭的にもギリギリでした。しかし、そんな生活の中でも、私たちはいつも笑顔でした。なぜか。それは「変えられない現実なら、笑って過ごそう」との思いです。

生きていると、時に自分の力ではどうしようもない出来事が起こります。だけど、悲観的になっても何も現実は変わらない。どう自分を切り替えていけるか。だったら笑っていた方が絶対にいい！そんな想いです。そこがベースになっているのか、苦しいことが起きても、笑顔を絶やさずプラス思考で乗り越えています。

父亡き後、私は何がしたいのだろうと自分探しが始まりました。毎日が目の前の命と向き合うことで精一杯だったため、10代の記憶がほとんどなかったのです。考えて、考えてある時ふと思い出しました。私、社長になりたかったんだ！

ただこの時点では起業しても何ができるのか、まったくわかりませんでした。まずはいろいろな仕事にチャレンジしてみようと考え、東京へ。不動産会社・化粧品会社・ジュエリー会社等で経験を積み、海外へ就労留学もしましたが、留学先のイギリスでふと思ったのです。どこで働いても一緒だと……それならば家族のいる日本で働きたいと思い帰国しました。

帰国してからも自分探しが続いていましたが、ある時それは突然、起きたのです。

２００９年の正月でした。幼なじみだった彼と再会。会った瞬間にそれこそ雷が落ちたかのような衝撃。その年の11月に結婚しました。

夫の家業は、戦前から続く父が経営する青果市場と母が経営するフルーツ屋。夫は父の事業である青果市場を4代目として事業承継するため、結婚を期に東京での仕事に区切りをつけ、島根に戻ることを決意したのです。

そこから目まぐるしい日々のはじまりでした。

社長就任、事業を立て直すまで

■出産と専務

専業主婦として夫を支える人生が始まりましたが、その生活は、もともと社長になりたい！　というくらい何かしていないと落ち着かない性格の私には向きませんでした。そんな私を見た義母の提案により、経営するフルーツ屋の一員としてウェブ部門を手伝うことになりました。

新事業として通販サイトを開設しましたが、新しい試み、準備・力不足やメンバーとの意思統一が図れず、うまく回らず、一度開いた通販サイトを閉める結果となりました。責任を取り、全スタッフの前で土下座して謝罪したことが今でも苦い経験です。

2011年に長女が産まれ、子育てをしながらウェブの仕事で遠巻きに関わっていましたが、2014年に次女が産まれた7カ月後に経理の方が辞めることになり、私が引き継ぐことになりました。経理は未経験、高校時代に数学は欠点を取るほど苦手でしたが、負けず嫌いの性格で次女をおんぶしながら、無理と言われつつ、平日1日4時間を実質2週間で引継ぎをし、次女を生後8か月から保育園に預けて、経理として働き始めました。中に入ると定年近いベテランのスタッフばかり、過去の良きものを信じ続けることで事業は芳しくありませんでした。

数年経理を続けるなか、年々落ちていく売上にやきもきしていました。ただ、私は新参者。今まで店を続けてこられた方のリスペクトはしつつ、店を残すためにはどうしたら良いのかをずっと水面下で模索し続けていました。

常務だった義母が75歳になり引退。社長は義父、私は専務です。もともと義父は義母に店舗運営を任せていたので、実質的には私が運営し、少しずつですが、自分の思いを汲み、やりたいことを理解してくれるスタッフを雇用し始めました。

2016年、長男が産まれる時には出産前日まで働き、出産後は退院してすぐに経理の仕事に復活。産休育休など取れません。何とか会社に支障が出ないよう必死にやりくりしたのを覚えています。その時になって初めて、雇用される立場はきちんと法的に守られており、ありがたいことだと感じると共に、経営者は本当に大変だと痛感しました。

3人の育児に追われながらの日々に最大のピンチが訪れました。きっかけは年々売上が落ちる中での資金繰りの限界。もうこのままでは資金がショートし倒産してしまう！というところまで来たことでした。

売上に対する努力、経費の見直しを行い、いよいよ人件費まで手を付けざるを得なくなり、悩みに悩んだ末に、定年を迎えたのち継続雇用となっていたお二方に辞めていただくことを選択しました。今でもこの出来事が一番重く、十字架のようにのしかかっています。周囲の人たちを笑顔にしたい、幸せにしたいと思ってやってきたのに、従業員の人生を左右する決断をしたことが本当に苦しく、その気持ちは今でも変わっていません。周りから心無い言葉を投げつけられることもあり、数か月間眠れぬ夜が続きました。

その後もすぐに業績は回復せず、変わらず厳しい日々でした。融資を受けようにも75歳を過ぎた義父が社長では融資が厳しく、年齢の若い私が事業を承継する条件で、融資を受けることができました。これをきっかけに社長に就任。夢だった社長でしたが、また新たな、変化の激しい日々が始まるのです。

■専務から社長へ

今まで専務も社長も変わらないと思っていましたが、実際は天と地ほどの差があります。何よりも「責任の重さ」と「見えない圧力」がその比ではないのです。

社長に就任してからは融資の額の大きさと社長という器を抱えきれず、毎晩、寝ている間に無意識に髪の毛を引っ張り、朝起きると枕元に大量の髪の毛が散らばっている、ということが長く続きました。私の髪はもう二度と生えてこないのではないかと思うほどでした（このあと生えてきました）。今でも、多額の融資を受ける、スタッフが辞める、会社のトラブルなどがあると、髪引き抜き事件が再発します。それほど経営者の重責は相当なものなのだと痛感しています。

社長は常に決断を迫られます。良い時は当たり前、失敗すると叩かれる。ましてや当社の規模では社長の給料は後回し。社員より低い報酬は社長就任から今まで続いています。これはネタにしていますが……。

ただ、ここは見直しが必要だと思っています。なぜなら、そんなことをしていては社長をやりたい！という志を持った後継者がいなくなるからです。責任はすごく重いけれど、給料は一番低い。昔であれば美徳で済むかもしれませんが、そんな時代ではありません。重責に見合った報酬を受け取るのが当たり前の世の中にならなくてはならないのです。

まず自分が報われなければ、満足できなければ、周りを満足させることはできないからです。多くの経営者の先輩に出会い、そのことを教えてもらいました。だからこそ、一日でも早く利益を出し、皆にはもちろん自分にも還元することを考えていこうと、日々もがきながらチャレンジし続けています。

まず認知してもらうこと。今までの店舗は、1階に土産物とフルーツギフト、2階はフルーツパーラーという造りでした。これを、1階のワンフロアにまとめ、気軽にカフェとして入ってもらい、そこから店を知ってもらうことを意識しました。

その結果、いわゆる「映(ば)える」パフェやフルーツサンド、ジュースなど、ちょうどSNSの時代に突入したこともあり、土日祝日は満席の続く店となりました。

ただ、本来の主軸であるフルーツ専門店から離れ、moritani＝カフェだといわれるようになりました。当店のフルーツギフトは高品質な果物を扱っているため、決して安くありません。インターネットでいくらでも買えるこのご時世。店舗まで足を運んでくださるお客様に、肩身の狭い思いをさせてしまうのは本意ではありません。しかし現状のレイアウトでは限界がある。何とかせねばと強く思うようになりました。

そして、改装を決意したのが、コロナ禍。誰もが先行き不透明で不安がいっぱいでしたが、お客様が減っている今だからこそできることがあると、前へ進むこと、チャレンジすることを選択しました。やらずに後悔&会社を潰すくらいならチャレンジしよう! そう思ったのです。そして、コロナ融資も後押しし、何とか改装にこぎつけたのです。

本当は2階も改装したかったのですが、さすがに取引銀行の融資担当者から、ドラマさながら、「社長! これは過剰融資です!」と言われ、さすがに一旦諦めました。

またもや融資が増えたことで、先代社長である義父や夫はハラハラしていたと思いますが、決めたらとことんやる！　決断したら揺るがない！　そんな私の性格を熟知している2人は応援してくれました。

コロナ禍、2020年12月にリニューアルオープン。福岡で活躍する同級生のデザイナーに相談し、「洗練された地方」をテーマに最高に素敵な店舗に仕上げてもらいました。外回りにはベンチも兼ねたフォトスポットなどを設置。インスタグラムなどSNSの地道な毎日投稿などが功をなしたのか、県内外からお客様に来ていただけるようになっています。

ただ、未だ続くコロナ禍、相変わらず厳しい日々は続いていますが、その時々で柔軟な対応と工夫をし、なんとか繋いできているような状態です。そんな日々ですが、毎日フルーツを通してたくさんの笑顔を見ることができる。それが一番のご褒美です。

感謝する気持ちを忘れない

ここまで決して順調ではなく、本当に紆余曲折と言っていいくらい、多くの事件や出来事がありました。資金繰りがショートしそうになったり、当座預金口座にお金を移すのを忘れ、銀行からの「このままだと不渡りです」との連絡に慌てたり、3人のスタッフが少しの時間差でおめでたという奇跡が起きたり、建物の老朽化で雨漏りがしたり……数えきれないほどのことが起こりました。もうダメかなと何度も思いました。

3人の子育てと仕事のバランスがうまくいかず、自分を責めることは今でもありますが、どんな時も誰かが助けてくれ、サポートしてくれています。

何よりも、ここまで来られたのは家族のおかげです。妻・母・娘・社長という役割の中、毎日が目まぐるしく、突発的な出来事も数知れず。そんな中でも、夫は、私の思うように信じるようにやれば良いと任せてくれました。義父母は、一切口を出さないよう耐えてくれました。もちろん、思うこと、言いたいことはたくさんあると思います。それでも私を信じ任せてくれています。

義父母を始め、今では親戚も友人も応援してくれ、姉妹家族は子どもたちのこと、精神的な部分含め、ずっとサポートしてくれています。

そして、結果が出せていなくても、社長である私を信じ、未来の話を受け止めて一緒に走ってくれるスタッフたち。お客様。関わるすべての方。そして経営の諸先輩方。

コロナ禍に聴き始めたClubhouse。そこで多くの経営者の先輩方と御縁をいただきました。お陰様で閉塞感を感じず、世界中の方々とのコミュニケーションが取れ、会社の経営方針、事業計画など、基礎から学び、会社の在り方を見直すことができました。活躍する皆さんの一流の仕事術を学ぶことができ、今でもその御縁は続いています。

「この店はみんなが笑顔で仲が良いから応援したくなるんだ」と仰って、長い間応援してくれ、恩返しもできないままあの世へ旅立たれたIさん。

本当にたくさんの方が支えてくださっています。誰ひとり欠けても今の私とmoritaniはありません。ゴールまで長い道のりですが、仲間たちと共に「Fruits & Happiness」「フルーツで笑顔に」を大切にし、感謝する気持ちを大切に、事業を次世代に繋げるように笑顔を増やしていきます。

challenge never give up & smile!

■介護ふたたび

こうして少しずつ順調に走り出したと思った矢先、今度は母がアルツハイマー型認知症と診断され、再び介護生活が始まりました。症状が進み、年々介護の負担が増えています。どうして母まで！と何度も何度も思いました。この文章を書いている時でさえ、悔しくて涙が止まらなくなるほど、自分の中では未だ消化できていませんが、多くの方の協力を得ながら目の前のことを一つずつ解決し、一歩ずつ進んでいます。

人生は時にこのように自分の力でどうしようもないことが起きます。でもそんな時に大切なのは悲劇のヒロインになって落ち込むのではなく、それをネタにしてバネにして、何かを掴みながら這い上がることだと思うのです。諦めるのはいつでもできます。だったら走れるだけ走れば良いんです。挑戦できるだけ挑戦した方がいい！　カッコ悪くても、がむしゃらでもいい。自分にしか、あなたにしかできないことが必ずあります。

何よりも共感できる仲間を見つけてください。その仲間はあなたの強固な支えに、辛い時の原動力になります。今は点と点だらけかもしれませんが、いつかその点が線で繋がる時がきます。その時までどうか諦めないでください。諦めずに努力し続けていたら必ず応援してくださる方が出てきます。必ず突破口が開けます。

そして、気になることはやってみる！　あとは走りながら考える！

転ぶときは前のめりに。そして何かひとつでも掴んで立ちあがる！

やるだけやったら、あとは笑いとばす！　何とかなるもんです。


現在、念願の通信制大学へ入学を果たし、時間を必死でやりくりしながらですが、大学生生活を過ごしています。フルーツに関わるものとして、フルーツ業界の底上げ・レベルアップのために、プロ向けのフルーツアドバイザー資格の協会立ち上げに奔走中です。

"challenge never give up & smile !"

これは私の父の言葉です。

挑戦すること・諦めないこと、そして笑顔でいること！

あなたの素敵な笑顔が誰かの背中を押すかもしれません。勇気になるかもしれません。

どうか一度しかない人生、しっかり楽しんでくださいね。

あなたに幸あれ！

あなたへのメッセージ

challenge never give up & smile !

挑戦すること、諦めないこと、

そして笑顔でいること!

諦めずに努力し続けていたら

必ず応援してくださる方が出てきて

突破口が開ける!

森谷典子さんへのお問合わせはコチラ

人に流されていたブレブレの人生から自信を持って自分軸で生きられるようになったターニングポイント

漢方美容家／エステサロン経営
美容商品開発・販売

山本彩邑衣

a asia 代表
&HARIMA 代表

1983年、兵庫県生まれ。20歳、大手エステサロンに入社。次のステップアップのため退社し、神戸老舗ホテル内エステサロンに入社。25歳の時にサロンワークを掛け持ちしながら自宅訪問エステを小さく独立開業。30歳、離婚をきっかけに地元加古川で現在のサロンをオープン。「働くママの環境を整えたい！」とママさんスタッフを雇用し、美容業界で長く活躍できる働き方を実践している。2022年、オーガニックスキンケアブランド「& HARIMA」の販売開始。今後は安心安全なメイドインジャパンのスキンケブランドを確立すべく海外展開予定。

09:00　起床（1日の予定確認、メールチェック）
11:00　クライアント様とオンライン
14:00　オンライン打ち合わせ
15:00　食事、出社
16:00　オンライン打ち合わせ
17:30　デスクワーク、サロンワーク
21:00　帰宅、プライベートタイム
23:00　オンライン学習
25:00　就寝

自分に自信がなく、人に流されていた過去

「球技は苦手だし、水の中で運動したら痩せそうだから」

中学に入学して部活動を決める際に、実に安直な動機で入部した水泳部。始めてみたら、記録が伸びていく喜びにすっかり虜となりました。部活以外の時間帯にもスポーツクラブに足しげく通い、将来は監督になるという夢も抱きながら、ひたすら練習に打ち込む日々でした。

努力の甲斐あって、県大会の予選に進出。しかし、まさかの予選落ちという情けない結果を受け入れられない自分がいました。「県大会予選なんてすごいじゃない！」という言葉はまるで意味がなく、「予選で落ちた」これがすべてでした。達成感よりも「燃え尽き感」のほうが遥かに強かったのを覚えています。

この時、私は水泳にかけてきた人生に幕を引きました。

一生懸命取り組んでいたからこそ、その努力が自分の納得いく形で実を結ばなかったことが「やさぐれ」の原因を作り、私は灰のようになりました。自分なんて所詮この程度の実力しかなかったのだ、と無気力になり、完全に自信を失ってしまったのでした。

何かに夢中になっている時、人は前向きで余計なことは考えません。しかし、何にも夢中になれていない時には、ちょっとしたことが気に障ったり、理由もなくイライラしたりするものです。ちょうど思春期真っただ中だった私は、長女ということもあり、しつけに厳しかった両親に反抗するようになりました。

父は会社を経営しており、当時地元で初めてビルを建て、たくさんの人に慕われる有名人で、子どもだった私の目には「完璧」な存在に見えていました。そんな父を尊敬し、娘である自分も完璧を目指していました。

しかし、水泳では県大会予選落ちです。上には上がいて、自分なんか全然ダメだ……そんな思いが私から自信を奪い、目標もなく過ごしているという後ろめたい気持ちが、両親への反抗心に火をつけました。

両親、特に父と顔を合わせたくない一心で、私は高校生になるとアルバイトに明け暮れるようになります。お小遣いをもらうことで、親に負い目を感じるのが嫌だったのも、アルバイトを始めた理由のひとつでした。親に依存することで、干渉される隙を見せたくないと思い、バイト漬けの毎日を送りました。学校帰りもバイト、休日もバイト。バイト、バイトの毎日で、両親や兄妹たちと過ごした記憶はほとんどありません。

水泳で燃え尽き症候群になり、高校で激しい反抗期に突入した背景には、一貫して私自身の自己肯定感の低さと、自分への自信のなさがありました。両親の目を気にして「自分は期待に応えられていない」と勝手に落ち込むクセがありました。今は両親と笑い話になっていますが、当時は大好きな両親に本当に申し訳なかったです。

また、常に人の目を気にして、自分の言動や選択が「どう思われるか」ばかり意識していました。自分がどうしたいか、何をやりたいか、という「心のホンネ」に耳を傾けるのではなく、家族や友人の言葉にばかり流されていたのです。

ただ、何かを始めると熱中してとことん突き詰めるという性格なので、水泳にしてもアルバイトにしても、ひたすら打ち込むことになりました。この性格は実に便利なもので、努力を苦とも思わずに、何かに駆り立てられるように熱心に取り組めるため、結果に繋がりやすいと自負しています。

反抗期の私は、大学に進学するよりも高校を卒業したら働こうと考え、同級生の子がエステサロンに就職したいと話してくれたことに影響を受けて、エステ業界の面接を受けました。しかし、別の級友たちから「卒業してすぐ正社員で働くなんて勿体ない！　遊ばなきゃ！」と言われたことに影響を受けて、なんと就職が決まっていたエステサロンを蹴ってしまったのです。

その後も、やはり友人の影響を受け、アパレル業界で働いたり、エステ業界に就職し直したり、とにかく軸のないブレブレの人生を歩むこととなりました。ブレてはいましたが、何事も始めれば一直線にのめり込む性格が幸いし、そのなかでエステの仕事に魅了されていきました。


20代の頃は結婚願望がありませんでした。父の影響もあり、独立して自分のサロンを持ちたい、認められたいという気持ちが強くなり、とにかく仕事に打ち込む日々を過ごしていました。肩書きが上がるにつれ、責任も増え大変でしたが、とにかく楽しく休みがいらないほどでした。

その頃、周りを見れば、友人知人が次々に結婚し出産していきました。そして、「結婚しないの？　20代が適齢期だし、仕事ばかりしていると結婚できないよ」と、結婚することがあたかも当然のような言葉をどこでも言われるようになりました。

他人軸な私は「確かに結婚出産という一般的な幸せを手に入れられないままで大丈夫？　両親はどう思う？　世間的には？」とまるで流行に乗っかるかのように、本心とは裏腹に再びブレ始めてしまうのでした。

自己肯定感を持てず下を向く日々

友人の紹介で出会った男性と交際を始めた私は、わずか半年で入籍しました。結婚する前は「自由に働いて良い」と言ってくれていた彼でしたが、しばらく経つと「やっぱり専業主婦になってほしい」と伝えられました。

今の私なら、絶対に断っていたでしょう。しかし、当時の私は「ここで嫌だと言ったら離婚になるのかな。そしたら周りはどう思うかな」と不安と好奇心から、仕事を辞めて専業主婦になりました。

しかし、それまで仕事仕事だった私にとって、専業主婦としての毎日は苦痛以外のなにものでもありませんでした。カゴの中の鳥のように、身の自由が束縛されているような気分だったのです。社会と繋がりたいという想いが募り、わずか3か月で音を上げました。

そこで夫に「また働きたい」と伝え、エステの仕事を再開することにしました。そして、ここでまた私の「あの性格」がフルで出てしまうのです。そう、やり出したら一直線。何か始めたら全力投球という性格です。働くからには一生懸命取り組みたいし、いずれ独立するためにも学び続けたい、という気持ちは日に日に強くなっていきました。

もともと私は、結婚を考える前は独立する予定で、国際資格を取得するために勤め先を辞めて留学するつもりでした。夫からは、結婚してから留学してほしいと言われていましたが、いざ結婚すると、子供を望んでいた夫や周りから子供を期待され、断念せざるを得ませんでした。私はここでもまた周りの目や世間体を気にして優先したのです。

夫は私との時間を一緒に過ごしたいようでしたが、私は自分の時間を余すことなく仕事や勉強に費やしたいと思っていました。この価値観のひずみにより、私は結婚生活を苦痛に感じるようになっていきました。

新婚当初の写真を見ると、私の顔があまりにも険しくて、思わず苦笑いしてしまいます。結婚して1年経つ頃にはすでに離婚したい、結婚生活なんて無理、と思っていました。

でも、すぐに離婚できなかったのは、ここでもまだ「周りの目を気にする」という悪い癖が私を縛り付けていたからでした。それから数年は自分の中で葛藤を抱えたまま結婚生活を送っていましたが、ついに限界を迎え、夫と別れることにしました。

この頃は、とにかくすべてが嫌になっていました。家に帰ると言い合いになるため、当時私はエステの仕事を3つ掛け持ちし、忙しくすることで会うのを避ける生活をしていました。「あおいは自分の意見が全くないよ。いつも誰かの意見に流されてばっかり!」言い合いになると夫に言われていた言葉です。正反対の今、ここが私の10代、20代の元凶だと理解しています。

笑顔は完全に消え、涙ばかり溢れ、「なんで私は何もかも失敗ばかりなのだろう」と自分を責めました。私はやっぱりダメなんだ、私なんかじゃ独立してもうまくできないし、幸せにもなれない、私には誰かと一緒に暮らすことすらできないんだ……と、とにかくネガティブになっていました。

自己肯定感は下がりきり、前を向くことすらできず、ひたすら下ばかり見ていたような記憶があります。過呼吸に不眠症、生理不順と身体にも影響が出ていました。もっというと当時の具体的な記憶なんてないくらい、灰と化していました。

実家に帰るたびに夫からの電話で涙を流し、目を真っ赤にしてこわばった表情で縮こまっている私に、とうとう父が核心をつく一言を言いました。

「楽しいか?」多くを語らない父が発したその一言にすべての答えがあるようでした。

そして、自分に問いました。もし自分が親で、娘がこんな風に人生に絶望して、毎日泣いて下ばかり見て過ごしていたら? 笑顔が消えて、暗く陰気になってしまったら?

それは、あまりにも悲しいことです。大切な娘に辛く悲しい人生を歩んでほしいはずがありません。私はなんて親不孝なのだろう、そう思うと胸が張り裂けそうになりました。

「決意」と「行動」が人生の全てを変えた

変わりたい。

さんざん落ち込んで、人生を悲観して、自分自身を心の中で蔑んで、どん底まで到達した私は、ついに「さらに下」を向けなくなりました。

そして、ようやく顔を上げて前を向いたのです。

変わりたい。もっと強く、生まれ変わりたい。

自分に自信を持てるように、誰にも流されないように、そして自らの手で幸せを掴み取れるように、変わりたい。そう、強く強く思いました。

人生で、これほどまでに自分が生まれ持った性格を感謝したことはありません。そう、決めたらとことんやる性格です。私は、この時ついに「自分を変えること」に真剣に向き合い、徹底して極めるという方向で情熱と努力を惜しみなくつぎ込むことになりました。

まず、なぜ自分がこんなにも人の目を気にし、人の意見に流され、自信が持てないのか、そのメカニズムを知ろうと考えました。そこで私は図書館へ通い、心理学や自己分析などの本を片っ端から借りて読み始めたのです。本の中には、目からうろこが落ちるような新しい世界が広がっていました。自己肯定感という言葉も、マインドセットという言葉も、きちんと理解したのは本を読み始めてからです。

本を読むなかで、私はひとつの事実に気付きました。それは、仕事に関してはしっかりと自分軸を持てているし、自己肯定感も自信も感じられており、自分の意見もしっかり言えるということでした。

自分なりにその理由を考えてみると、そこには「プロ意識」がありました。プロ意識の根底には、勉強と経験から得た確かな知識と技術がありました。お客様からお代を頂戴する以上、適当な対応はできないというプロ意識。そして、自分の知識と技術への自信が、本音でお客様と向き合うことに繋がっているのだと自己分析しました。

お客様に寄り添い、本音で対話するからこそ、お客様の信頼が得られるということを私はちゃんと知っていました。それなのに、私生活で「プロのエステティシャン」という甲冑を脱ぐと、途端に自信を失い、他人軸でしか動けなくなってしまうのです。

それならば……と、私は考えました。プライベートでも、お客様に接するように意識しながら人間関係を作っていけば、何か道は拓けるかもしれない……。

私は自分の「自分に自信が持てず、すぐ人に流され、他人軸で物事を考える」というマインド（人格）を変えるために、本で学んだことを次から次へと実践すると共に、常に「お客様に接するように」ということを意識するようにしました。

具体的には、まず父を積極的に褒めてみたり、母に積極的に感謝の気持ちを伝えてみたりすることから始めました。お客様には自然にできていることでしたが、私生活、特に家族に対してはできていませんでした。それから、相手の目を見て話すことを意識したり、質問に対して「なんでもいい」や「どっちでもいい」と答えずに、自分の希望を伝えるようにしたり、自分を変える努力を重ねました。

この頃は笑顔がなく、いつも陰気な顔をしていたので、無理やり口角を上げるという訓練もしました。口角を上げるクセを顔に覚えさせれば、自然に笑顔を作れるようになるし、笑顔が作れると自分も周りもハッピーな気分になれるためです。

こうして、本を読み漁り知識を手に入れ、それを実践することで、私は少しずつ変わっていきました。私が変わると、私と関わる人も変わってきます。自分らしくハツラツと生きられるようになると、そんな私を認め、好意を持ってくれる人が集まってくるようになりました。「類は友を」とは言いますが、本当に自分が変わってから引き寄せる人も変わったように思います。無理をしたり自分に嘘をついたりせずに、ありのままの自分を見せられる仕事仲間や知人、パートナー、お客様と出会えるようになりました。

あらゆる本を読むなかで、東洋医学との出会いがありました。学校に通い、心と身体は繋がっていること、ストレスが身体に与える影響の大きさについて学んだことで東洋医学をベースにしたエステサロンへとシフトしていきました。自分を変えたいと思ったことがきっかけで、多くの知識を得て、それが仕事にも繋がっている……まさに「知は力なり」を実感する日々です。

おかげさまで、多くのリピーター様にご愛顧いただき、何年も通ってくださるお客様にも恵まれました。その真髄にはやはり「本音で寄り添う」ことがあったように思います。

人生には流れをかえる出会いが何度か訪れると聞いたことがあります。私にとって、変わりたいと思い、行動を起こしたことで流れが変わりチャンスをしっかり掴めました。

みなさんも流れを変える出会いはありましたか?

自分の人生を自由にデザインするために

自分らしく生きたいのに、つい周りの意見に流されたり、身近な人の目が気になったりして、なかなか一歩が踏み出せない方は、決して少なくないと思います。

私自身も、10代20代は自信のかけらもなく、中学時代は男子生徒と話すことにすら抵抗がありました。友人に食事会に誘われても、「どうせ誰も私なんかに興味ないでしょ」と卑屈になり、周りの友人たちがキラキラと輝いているように見えて、妬み嫉みの感情に飲まれていました。その自信のなさが「自分軸」を持てずに人の目ばかり気にするマインドセットに繋がってしまったわけですが、実際のところ、自分に自信満々という方は数少ないでしょう。

自分らしく、自分の心のホンネに従い、いきいきと人生を謳歌するためには、自己肯定感を上げることと自分に自信を持つことは絶対に必要です。そして、他人軸ではなく自分軸で人生の取捨選択をすることが大切です。

では、どうやったら自分に自信を持ち、自分軸で生きられるようになるのか、その答えは「自立」にあると考えています。私が今でも自立し、変わるために実践していることをお伝えします。

自分を大切にすること、いつでも自分を信じること、未来を力に変えること、日常から学びを得ること、関わる人に感謝を伝えること、過去を味方に変えること、自分の機嫌は自分で取ること、他責ではなく自責であること、日常に幸せを見つけること、大切な人を大切にすること、そして可能性に挑戦し続けることです。

自立して「自分の力で考え、そして生きる（稼ぐ）」術を身に付けるために必要なものは、知識と技術と経験です。どんなことであれ、一流の知識と技術を身に付けるためには、目の前のことに一生懸命取り組むことが大切です。

こうして取り組んだことはすべてが貴重な経験となり、成長の糧となります。成長は自信に繋がり、自信は自己肯定感を高めます。

「自分がどうしたいのか」という心の声にしっかりと耳を傾け、その中に活路を見出し、努力を重ねた先の「自分らしさ」を見つけ、いきいきと輝ける女性が増えることを心から願っています。

あなたへのメッセージ

自分らしく、自分の心のホンネに従い、

いきいきと人生を謳歌するためには、

自己肯定感を上げることと

自分に自信を持つことは絶対に必要。

そして、他人軸ではなく自分軸で

人生の取捨選択をすることが大切！

山本彩邑衣さんへのお問合わせはコチラ

人生を変える「覚悟の瞬間」――おわりに――

本書を最後までお読みくださり、ありがとうございました。

21人の女性起業家の「覚悟の瞬間」はいかがでしたでしょうか？

彼女たちも始めからうまくいったわけではないことをわかっていただけたかと思います。それぞれがいろんな葛藤がありながらも、自分の理想の生き方や働き方を実現するために覚悟を決めて突き進んできたからこそ「今」があります。

でも、これは彼女たちが特別だったから実現できたのかというと、そうではありません。あなたでも実現できるのです。

大切なのは、「やりたいことをやる覚悟を決めて行動すること」です。

著者の皆さんもおっしゃっていましたが、失敗はこの世に存在しません。うまくいかなったとしても、それは全て経験です。その経験が増えれば増えるほど、夢の実現は近づきます。

だから、恐れることはありません。

あなたなら、きっと大丈夫。

もし、挑戦する中で挫けそうになった時は、再び本書を読み返してください。挑戦しているのはあなただけではありません。本書に登場する21人の女性起業家も挑戦し続けています。

諦めさえしなければ、必ず夢は叶います。

あなたの覚悟の瞬間は「今」かもしれません。

Rashisa（ラシサ）出版編集部

「やりたいことをやる！」と決めた女たちの覚悟の瞬間

2023年1月11日　初版第1刷発行

著者　Rashisa出版（編）
愛/青木恵/赤城千香恵/秋山美穂/石川陽子/片庭慶子/金谷愛理/嘉村美/北野三保子/香内真理子/里めぐみ/鈴木琴乃/鈴木理恵子/高松雨晴/寺尾明美/中井麻由/中村由香理/三浦真希/道下星/森谷典子/山本彩邑衣

発行者　Greenman
編集・ライター　濱彩
ブックデザイン　三森健太＋永井里実（JUNGLE）

発行所　Rashisa出版（Team Power Creators株式会社内）
〒558-0013 大阪府大阪市住吉区我孫子東2-10-9-4F
TEL：03-5464-3516

発売：株式会社メディアパル（共同出版者・流通責任者）
〒162-8710 東京都新宿区東五軒町6-24
TEL：03-5261-1171

印刷・製本所　株式会社堀内印刷所

ISBNコード:978-4-8021-3371-5
Cコード:C0034